每天懂一点
创意心理学

[日]原田玲仁＝著　郭勇＝译

陕西师范大学出版社

图书在版编目（CIP）数据

每天懂一点创意心理学／（日）原田玲仁著；郭勇译.
—西安：陕西师范大学出版社，2009.12
ISBN 978-7-5613-4885-7

I. 每… Ⅱ. ①原…②郭… Ⅲ. 心理学－通俗读物 Ⅳ. B84-49
中国版本图书馆 CIP 数据核字（2009）第 176455 号

著作权合同登记号：陕版出图字 25-2010-084
图书代号：SK9N0983
上架建议：心理学・时尚读物

"每天懂一点"轻悦读书系
每天懂一点・创意心理学
著者：（日）原田玲仁
译者：郭勇
责任编辑：周 宏
特约编辑：李彩萍
装帧设计：张丽娜
出版发行：陕西师范大学出版社
（西安市陕西师大 120 信箱 邮编：710062）
印刷：北京京都六环印刷厂
开本：880×1230 1/32
字数：100 千字
印张：6.5
版次：2010 年 7 月第 1 版
印次：2010 年 7 月第 1 次印刷
ISBN：978-7-5613-4885-7
定价：28.00 元

海道和九州的形状，感慨道:“还是北海道可爱一些。”所谓“可爱”的评价，其根据到底是什么呢？她们到底感觉北海道哪里比九州可爱呢？我对这些问题产生了浓厚的兴趣。在这里，我想通过科学的方法和思维方式，来找到这些问题的答案，于是，便有了这本书的诞生。每个人的审美都存在一定的差异，这是理所当然的事情，但我认为，其中必定存在一定的标准和规律，我想找出这样的标准和规律。因此，在这本书中，我运用到了色彩心理学、认知心理学、想象心理学、人脑生理学、感性工学等诸多复杂的学问，目的就是为了揭开人对设计进行评价的原理。

虽然涉及到了多种深奥的学科，但请读者朋友们不用担心，我都尽量用浅显易懂的语言、生动诙谐的实例，以及各种各样的分析方法把复杂的科学理论通俗化了。因此，即使没有专业知识，朋友们也完全能够读懂这本书。

下面，就简单地介绍一下各个章节的内容。

序章以“什么是设计”为标题，概要地讲解了设计的定义、术语、历史等。

第一章，将从视觉、认知系统出发，分析人是如何认知设计的。另外，在这一章里还将为读者朋友介绍哪些人容易受形

前言

我们生活的世界中存在各种各样的商品，
车、皮鞋、皮包……但是，不管哪一种商品，
“设计”，换句话说，每一种商品都是被人有意
即使消费者不懂设计，但当他们看到设计精美
赞不绝口，“好可爱”、“好漂亮”、“有个性”…

那么，设计是怎样打动人们内心的呢？

另外，“好可爱的设计”，其中的“可爱”究竟

也许是商品漂亮的形状；也许是商品印刷
许是具有视觉冲击力的颜色搭配……设计对人
大的主观性，也就是说不同的人会对同一设计
因此不能一概而论。设计给人的印象，主要靠
另外在很大程度上也受其经验的影响。想用理论
计的感觉，是非常困难的，对于设计进行评价的
在的科学尚未给出一个明确的答案。但是，只用
的看法存在差异”来回避对设计进行评价，不是
学态度。如果说“评价一种设计的好坏，要看感
太敷衍了。所以，我们要科学地研究设计，需要
评价设计的标准。

最近我听说，有些多愁善感的高中女生看到

状的影响，哪些人容易受颜色的影响。

第二章，介绍的是设计与人类想象的关系。我们具体来研究一下颜色、形状能给人带来什么样的想象。这一章还能让您理解想象力对于我们人类的重要性。

第三章，我们来探讨一下人类想象的根据，将以四种“语言想象”为例进行分析。在这里，我将把设计进行数值化分析。

第四章，人为什么会被某种颜色或形状所吸引？将具体介绍使人对设计产生好感的若干法则及其理由。

第五章，对前面各章的内容进行归纳，总结出设计的方法论，对实际设计制作进行指导。

另外，在本书的插图、漫画中出现了一群头上戴花的猴子，它们头上所戴的花的颜色代表了它们的心情或者想表达的意思。我称它们为“样本猴”，是“日本猴”的亚种，但关于它们的生物特性，我也不太了解，反正是一种稀有动物。能请到稀有动物为这本书做演示，我真是三生有幸。在此，对“样本猴”们的倾情表演表示特别的感谢！

木瓜制造 / 原田玲仁

每天懂一点·创意心理学/目录

CONTENTS

前言

序 章 什么是设计?

好创意、坏创意、有个性的创意、好可爱的创意……
创意的真正含义解释个清楚!

第一章 设计的认知

你有所不知的:人对眼睛的“盲目”依赖性、
大脑有趣的工作原理和认知倾向。

第二章 认知与印象

印象到底是个什么玩意儿，从颜色和形状开始说清楚！

CONTENTS

CONTENTS

每天懂一点·创意心理学／目录

第五章　设计的力量
~ 战略性设计的神奇力量 ~

人有很多有趣特性，实例讲解战略性运用！

后记
参考文献

序章

什么是设计?

不管哪一种商品，其中必定包含着某种“创意”。换言之，每一种商品都是被人有意设计出来的。美的设计或创意，能感动人们的心灵；功能性的设计或创意，则让人们生活得更加舒适。设计或创意不仅是人们必需的，甚至还关乎生死。

在这一章里，我们先来研究一下设计产生的背景，然后再来看看设计的分类和容易混淆的设计术语。希望在这个过程中，我们能找到设计的真正含义。

什么是设计？

~“设计”的含义~

“设计”这个词，我们在日常生活中经常听到、说到、用到。比如，“这套西装的设计很时尚”、“那个网站的页面设计很有趣”、“这个椅子设计新颖，坐起来也很舒服”……即使我们没有特别注意某件物品的设计，也喜欢用设计的好坏来形容它。

如果突然被问道：“到底什么是设计？”我想，恐怕很多人都没法马上答出来。

“是不是颜色和形状的某种表现？”这样含糊的回答，恐怕很难解释设计的本意。大多数人可能心里大体明白设计的含义，却很难用语言准确表达。

服装设计、汽车设计、海报设计等，一般是指对于对象物的图案、颜色、形状等进行描绘或编排，从广义上讲就是设计对象物的外观。

“设计”的英语为“design”，其语源为拉丁语中的“designare”，含义为“用记号表达计划”。从语源来分析，设计最初的含义并不在于形状、颜色，而侧重于计划。当生产力不断发展、商品可以进行批量生产时，需要事先提出计划，制作出样品，并根据样品的制作过程决定成品的最终式样以及生产工序。

“design”这个词刚刚传入日本时，被翻译为“图案”、“意匠”。一般情况下，“图案”表示平面设计，而“意匠”表示立体设计。由此不难看出，这两个词都侧重于视觉上对物体外形的认知。不过，我们不要忘记“设计”一词的语源中包含有“计划”的意思。“图案”的“案”字，就有“计划”这层含义。

例如，影视术语“角色设计”，其中的设计不仅指设计角色的外形，还包含角色的性格、兴趣爱好、日常行为模式、说话的口气等等。

再比如，“人生设计”，指的是对人的理想、行为、职业、经济、健康等方面进行规划，指导人们积极向上地去生活。

什么是设计?

~ 为什么会存在设计? ~

那么，为什么会存在设计呢?

单单是为批量生产商品制作的一个样本吗?

设计又给我们带来了什么样的改变?

之所以会有设计存在,我认为是因为人们想生活得更加丰富多彩。这样看来，设计的存在是理所当然的，也是必需的。美的设计，能感动人们的心灵；功能性设计，能让人们生活得更加舒适，并产生愉悦感，而愉悦感又让人感到安心。

也许会有人说：“你把设计吹得太神乎其神了吧！还说什么设计是人类必需的！设计的好坏，不至于关乎人的生死吧！”

其实，对我们来说，设计不但非常重要，而且确实关乎生死。比如，功能性存在缺陷的设计，不仅不好用、不好维护，还容易发生事故。以理发剪刀为例，如果理发师只看中剪刀的外形，选择一把外形漂亮但功能很差的剪刀，也许短时间内能满足理发师对剪刀外形的要求。但是长时间使用的话，不仅会让理发师感到疲劳，甚至会造成事故。再比如，要设计一把时尚前卫的太阳伞，如果只考虑外观，把伞骨的尖端做成锋利的刺。假如大家都使用这种太阳伞，恐怕会不断有人被刺伤。此外，在高层建筑等危险场所使用的物品，如果不考虑功能性和安全性，很可能会威胁到人的生命安全。

相反，优秀的设计不仅能从外观上给人美的享受，还能从功能性、安全性上让人放心、安心、舒心。发挥设计的力量，可以将不方便、不安全的东西改造成方便、安全的。由此可见设计的重要性，而且设计还是解决问题的一种方法。

甚至可以说，“丰富多彩的人生绝对不能缺少设计”。

所谓设计，是指制造“物品”时，为了让它更加美观、实用、协调，而对“物品”的形状、颜色、图案等进行计划、创作。精美的设计可以让生活变得更美好。

现在，在企业制造商品的过程中，设计发挥着重大的作用。可以说，商品设计是使自己的商品区别于其他公司、树立良好企业形象的重要工具。

设计产生的背景

~ 设计是如何在社会中扎根的？ ~

“设计”这个词的产生及广泛普及的契机，为18世纪末兴起的工业革命。在工业革命以前，市场上可以买到的商品，以手工制造的产品为主。不过，随着工业革命的展开，批量生产成为可能，市场上出现了大量形状相同的商品。然而，由于缺乏设计，很多商品的形状并不成熟，引起了消费者的不满。在这样的背景下，“设计”的概念便从英国的“工艺美术运动”（Arts and Crafts Movement）和德国的包豪斯（Bauhaus）设计学校诞生了。英国工艺美术运动的倡导者——艺术评论家约翰·拉斯金（John Ruskin）、威廉·莫里斯（William Morris）对“设计”的产生做出了很大的贡献。他们批评粗制滥造产品的增加，指出了批量生产的弊端，还不断强调手工制造产品给人带来的“幸福感”。这种思想演变为一大设计潮流，并不断推广，后来还引发了法国的“新艺术运动”（Art Nouveau）等多个艺术界的革命。

1928年，日本的商工省（现在的经济产生省）开设了工艺指导所，该机构倡导生产与国外通用的产品。日本政府率先从国外引进大批设计指导人才，从此，日本在商品生产过程中真正加入了设计的理念。日本在巧妙学习、模仿国外设计的过程中，逐渐形成了自己独特的设计风格和设计理念。1950年以后，随着经济进入高速增长期，日本的本土设计也取得了长足发展。1951年，松下幸之助（日本著名跨国企业“松下电器”的创始人，被人称为“经营之神”）去美国参观访问，他发现性能相同但设计不同的电子管收音机在价格上有很大差异。他感到非常惊讶，于是对随行人员说了一句非常有名的话——“今后将是设计的时代”。在此之前，日本的商品价格主要取决于产品的性能和质量，设计上的差异并没有明确体现到价格上。访美之后，松下幸之助在自己的公司内设立了专门的设计部，致力于产品设计。很多其他日本企业在这方面也纷纷效仿松下电器。

除了产品设计，设计在其他各种领域也开始受到重视。同年，原弘先生和山本文夫先生创立了“日本宣传美术协会”。该协会致力于提高设计师的地位和发掘、指导年轻的设计师，并成为日本平面设计行业发展的奠基石。

1957 年，日本通商产业省（原商工省）为了鼓励优秀产品设计的创作，设立了“G-MARK”设计大奖，由此进一步提高了企业对设计的重视程度。从此，日本也进入注重产品设计的时代，设计成为企业的“有力”武器之一。设计概念也不断向大众渗透。

1964 年的东京奥运会和 1970 年的大阪世界博览会，有多位日本建筑设计师和平面设计师参与其中，其作品受到海内外的广泛关注。进入 20 世纪 70 年代以后，许多日本产品因其强大的功能、品质和优秀的设计，得到了世界的认可。与此同时，广告设计的力量也突现出来，它是除产品设计外影响商品的销售最重要的因素。此外，在展现企业形象方面，设计也发挥着不可小视的作用。总而言之，设计已经成为企业经营不可缺少的一柄利器。

1870~	**英国“工艺美术运动”**
1900 年前后	**法国出现“新艺术运动”**
1913 年	**德国创立包豪斯设计学校**
1925 年	**巴黎举办“巴黎国际现代化工业装饰艺术展览会”**
1928 年	**日本商工省开设工艺指导所**
1951 年	**日本宣传美术协会成立**
1957 年	**日本评选“G-MARK”设计奖商品（即“GOOD DESIGN”奖的前身）**

请看！

设计的对象

~ 设计的分类 ~

在设计界，有一个令人费解的问题，那就是设计没有明确的分类范畴。企业也好、教育机构也罢，对设计的定义及分类解释都略有出入。“工业设计”与“产品设计”就是一个例子。工业设计一般指工业产品的设计，日用品等的设计则被称为产品设计。不过大多数情况下，二者可以通用。通常，产品设计可以归为工业设计的一个门类。

设计的分类范围多有重叠，因此，要将设计明确地分为若干种类也没有太大意义。接下来，我将具有代表性的设计对象进行整理，梳理出一个大致的设计分类。

■ 建筑

· 室内设计

对住宅、商业设施等室内空间中的照明、家具摆设等进行的设计。并不局限于室内某要素（如照明、家具摆设、色彩搭配等）的设计，而是对全部室内环境进行的整体性设计。

· 室外设计

与室内设计相对，室外设计是指对建筑物的外观、庭院以及周边环境进行的整体设计。以住宅的室外设计为例，主要包括对大门、栅栏、车库、储藏室等进行的设计。

· 空间设计

对店铺、商业设施的大厅、展示空间等进行照明、家具和器物摆设等方面的设计，使该空间达到预定的使用目的。

■工业/商业

·工业设计

随着工业的发展，工厂将大批量的商品输送到社会。在商品批量生产之前对其进行的设计，就是工业设计。

·产品设计

产品设计特指工业设计中对日用品、实用物品的设计。例如，椅子、餐桌、餐具、汽车等的设计。

·时装设计

时装设计源自英语 Fashion Design，即服饰设计。本来，时尚(Fashion)指的是思想、艺术等无形概念，后来引申为服装、生活方式等有型概念的流行趋势。由于服饰是最能体现流行的一个元素，渐渐地 Fashion 这个词就与流行服饰划上了等号。

·平面设计

一般是指海报、宣传册、商品包装等平面的设计。对文字、图案、颜色等搭配组合，是一种传递信息的手段。

·网页设计

顾名思义，就是对网页进行设计。通过对文字、图案等的合理编排、布局，不仅要做到视觉上的美观，还要实现对信息的有效传递。

■其他

·信息设计

将信息以视觉可见的形式表现出来，以方便人们辨识。例如，公共场所中卫生间的提示标志、道路标识、图标等的设计。

·通用设计

通用设计是指通过设计，使产品、空间、标识等，不论使用者的年龄、性别、身体状况、能力等，都可以方便使用。

容易混用的设计用语

~ 设计用语的整理 ~

现在，与设计相关的用语，很多也被大众广泛应用，但是使用方法却很含糊、暧昧。特别是外来语或外语，由于人们对其语源的理解并不深刻，更容易凭感觉随意使用。接下来，我将对容易混用的设计用语做一个简单的整理。

○ Form

源于法文的“Forme”，一般用来表示形状或外型。很多设计师称赞形状美时，会说“漂亮的 form”、“简练的 form”等。英文 Form 已经没有创新的含义了。日本的商业标语常常转用法文、西班牙文的同义词，来增加广告效果。

○ Style

本意为姿势、做法、风格等。在设计领域，多用来评价人的外观，例如穿衣风格。在时装界，也常用这个词来表示不同的服装类型。此外，像“生活方式”（Life Style）中的 Style，包含个人的价值观、生活模式等含义。

至于 Stylish 这个词，在日文中有“性格”的含义，是日本外来语特有的模糊语意，也可以单纯用来表示品味好坏。

○ Taste

原本的意思是“风味”、“口味”，后衍生表示“嗜好”、“兴趣”。不少日本人经常凭感觉随意使用这个词，不过多用来形容设计的倾向、氛围等。虽然

Taste 经常和 Style 混用，但在语感上，前者的方向性更强一些。例如，“这个人的穿衣风格偏重韩国 taste”，就是强调此人穿衣的风格偏向韩国潮流，即“哈韩”。

此外，Taste 也可以与别的解释重叠，以加深涵义。例如，提到怀旧风格的服装，即使不精通这种服装搭配的人，也会用“怀旧风（taste）”进行笼统概括，以使对方有个大体的认识。

听说法国巴黎要举办
前卫艺术展啦。
巴黎啊。
这个……
都将展出哪些
艺术品呢？
可能有这样的吧。
R
没准还有这
样的……
R
R
你说的这个不是前
卫艺术展，是“前
额”艺术展吧？
晕！

第一章

设计的认知

当包含有某种创意或经过设计的产品摆在我们面前时，我们是怎样来认知它们的呢？有人受颜色的影响比较大，这类人被称为“色型人”；有人受形状的影响比较大，这类人则被称为“形型人”。

本章不仅会讲到色型人和形型人的判定方法和个性差异，还会介绍你有所不知的：人对眼睛的“盲目”依赖性和大脑有趣的工作原理。

设计的认知

~ 认知的原理 ~

当某样产品或设计摆在面前时，我们首先通过以眼睛为主的感觉器官来感知（看）它的存在。然后，将感知到的对象物与过去的记忆进行对比，或者建立新的概念。最后，得出结论，即认知（理解）这一事物。在认知过程中，我们会产生“可爱”、“帅”、“讨人厌”等印象或想象，然后加以评价。之后，印象或想象会保存在脑海中，除了对事物进行评价外，向他人描述自己对该产品或设计的印象时也会派上用场。

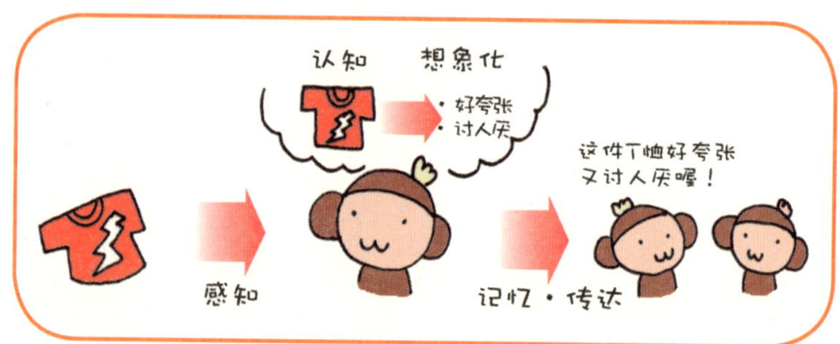

实际上，设计师并非遵循明确的理论有目的地进行设计，也没有明确的设计理论能保证作品一定受到好评。设计中存在很多基本规则和方法，但这些指导性的理论并非设计出优秀作品的充分条件。优秀的设计师都需要长年实践来培养设计的“感觉”和“直觉”。进行设计创作时，设计师需要将自己掌握的知识和培养的感觉来一个总动员，然后对其进行复杂的组合搭配，这样才能设计出新颖的作品。

可以说，设计是一个“系统”，其复杂程度很难用明确的理论解释清楚。因此，设计创造的能力常被认为是一种特殊能力，甚至有人把设计能力说成是类似“直觉”这样天赋的能力。如果真是这样，那设计就无法进步了，更不能代代相传于世了。

实际上，人们长期以来围绕设计展开的研究并非一无所获。对人类视觉功能和大脑活动的各种研究，都取得了很大成果，有很多奥秘已经被揭开。在心理学和大脑生理学领域中，科学家们很久以前就展开了对颜色与形状的研究。此外，在一门叫做“感性工学”的学科中，研究人员发现人会将想象运用到创造中。然而，人的大脑根据什么标准来创造想象、什么样的设计会受到大多数人的喜爱等问题，还有待研究。在此，我斗胆用多门学科的成果来研究设计以及人类对设计的评价标准。

首先，我将为大家讲解设计者如何认知设计、设计接受者如何理解设计，以及其中的原理。这部分内容涉及到人类的视觉机能和大脑机能，可能有点复杂，但却是揭开人类认知系统奥秘所必需的。

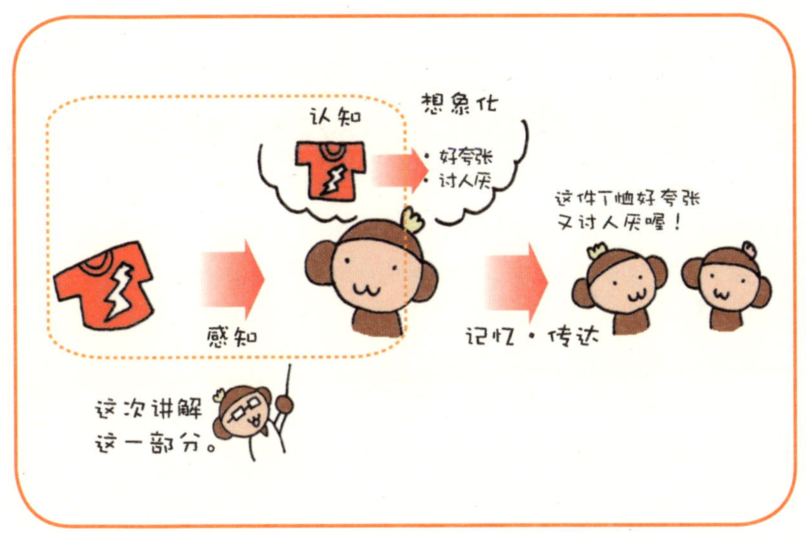

视觉的重要性

~ 我们通过视觉获得的信息占总信息量的八成以上 ~

人类和很多种动物，都是通过视觉、听觉和嗅觉等感觉器官来获取信息、认知事物的，而我们人类是非常依赖视觉的。当然，根据感知对象物的不同，各种感觉器官的使用比率也不尽相同。但总体来说，视觉获得的信息占我们总信息量的八成以上，即使是吃东西时也如此。

也许有人会认为吃东西时肯定是味觉占主导地位。实际上，首先是眼睛看到食物的颜色和形状后刺激了我们的食欲。与视觉、听觉、嗅觉相比，味觉要迟钝得多。如果蒙上眼睛、塞住鼻子吃东西，我们甚至连自己吃的是什么都无法判断。如果不信，您可以蒙上眼睛、轻轻捏住鼻子，然后分别喝橙汁和苹果汁，看看结果会怎样。很多人都无法分辨自己喝的是哪种果汁。用同样的方法再做一个实验，吃的是苹果还是生土豆也很难分辨。

与视觉、听觉相比，人的味觉要迟钝不少，而听觉又比视觉迟钝一些。实际上，人的听觉判断会受视觉影响。

英国心理学家麦格克（McGurk）和麦克唐纳(MacDonald)进行了一项有趣的实验，证明了人的听觉在很大程度上受视觉的影响。他们首先录制了一段录像，内容是一个人用嘴发出“嘎、嘎、嘎”的声音。然后，对录像进行处理，将原音消除，配上了“叭、叭、叭”的声音。即图像中人发音的口型是“嘎、嘎、嘎”，但声音却是“叭、叭、叭”。把这段录像播放给接受实验者看，结果他们说听到的声音是“哒、哒、哒”或“嘎、嘎、嘎”。这个实验说明，人的视觉信息优先于听觉信息。当人的视觉和听觉获得的信息不一致时，人会优先提取视觉信息。接受实验者正是被图像中发声人的口型所“欺骗”。这种现象在心理学上被称为“麦格克效应（McGurk Effect）”。

就连我们听到的声音都会受视觉的影响，可见我们判断事物时有多依赖视觉。

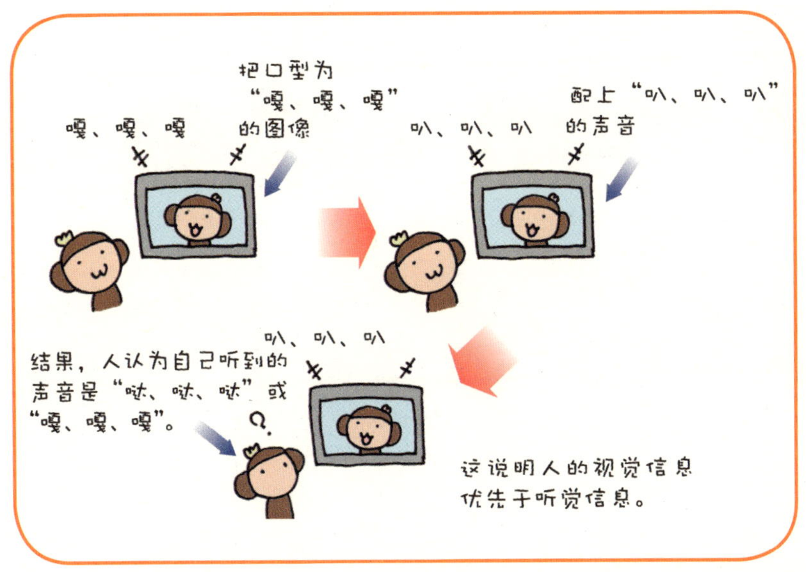

视觉的原理 1

~ 视锥细胞与视杆细胞 1~

我们是通过怎样一种系统来认知设计的呢？

看到一件设计作品时，它的视觉形象瞬间就会出现在我们脑海中，整个过程耗时只有几分之一秒。尽管时间非常短，我们却能准确把握设计作品的颜色、形状、位置关系等若干属性。由此可见，人类拥有性能非常高的认知系统。

眼睛最初捕捉到的视觉信息是光，光通过眼球的瞳孔、经过晶状体的折射在视网膜上成像。所谓视网膜，是眼球内壁覆盖的一层膜状组织。在视网膜的下层，有一种视细胞可以将光转化为电信号。该视细胞又分为两类，一类是“视锥细胞”，它们在明亮的地方发挥作用；另一类是“视杆细胞”，它们对弱光反应敏感，在光线暗的时候发挥作用。经科学家研究发现，人眼大约有 500 万到 700 万个视锥细胞，1 亿 2 千万到 1 亿 4 千万个视杆细胞。

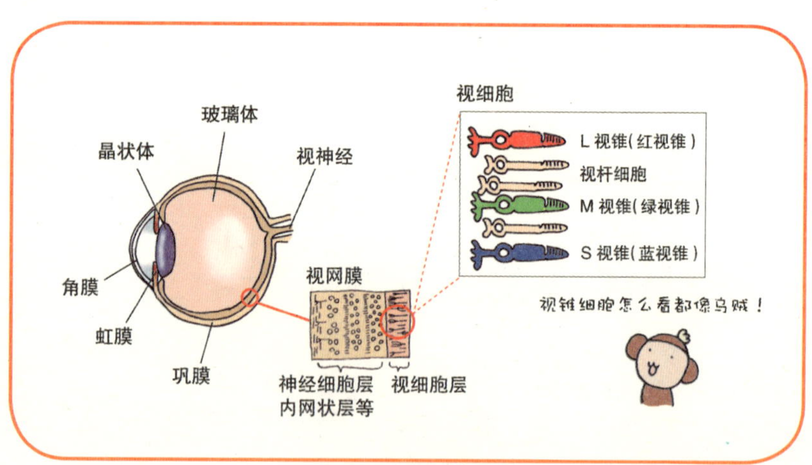

◎视锥细胞

视锥细胞对光的“颜色”反应敏感，根据吸收波长的不同，可分为三类，分别是L视锥（红视锥）、M视锥（绿视锥）和S视锥（蓝视锥）。如果这三种视锥细胞中的任何一种存在缺陷或者吸收光线的波长出现异常，都会导致人的色觉障碍。（据调查，日本男性中，M视锥出现异常的情况相对较多。每20个人中，就有1人异常）。人只能看到三种视锥细胞所吸收的波长范围内的光。

◎残像补色与视锥细胞

为了让大家实际体验一下视锥细胞的机能，接下来我们做一个有趣的实验。请盯住上图中的红色圆形看30秒，然后迅速把目光移向右侧的空白处。您应该能发现空白处出现一个泛蓝色的圆形。这种现象就叫做“残像补色”。由于长时间看红色，L视锥（红视锥）出现疲劳，而在这一过程中，M视锥（绿视锥）和S视锥（蓝视锥）并没有使用，因此相当活跃。当我们把视线移向空白处时，受活跃的M视锥和S视锥的影响，在空白处浮现出红色的互补色，即泛蓝色的圆形。

视觉的原理 2

~ 视锥细胞与视杆细胞 2~

◎视杆细胞

视杆细胞对微弱的光反应敏感，但不能辨别颜色。因此，在光线昏暗的地方，我们虽能看清物体的形状，但很难分辨其颜色。在视杆细胞中，有一种叫做视紫质（Rhodopsin）的蛋白质，遇光即分解，会刺激视神经末梢，由视神经把刺激传到大脑，产生视觉。视紫质由视蛋白（Opsin）和维生素 A 结合而成。当人体缺乏维生素 A 时，在昏暗的地方会看不清东西，这就是由于无法合成视紫质造成的。

除了猫头鹰和夜鹰，大部分鸟类都在白天活动，它们基本不具有视杆细胞。因此，在黑暗的地方，大部分鸟类的视觉机能都极差。在日语中，“鸟目”就借指夜盲症。

◎暗适应与明适应

您是否有过这样的经历？从明亮的地方进入已经开演的电影院或音乐厅时，会突然感觉眼前一片漆黑，根本看不清座位在哪儿。

不过，过一会儿，就能渐渐看清座位了。我们的眼睛逐渐适应黑暗的现象，叫作“暗适应”。它受视网膜内视紫质功能的影响。视杆细胞需要通过视紫质的积累来获得感光度，但视紫质的积累需要一定的时间。因此，从明亮处进入黑暗的地方，看清东西也需要一定的时间。

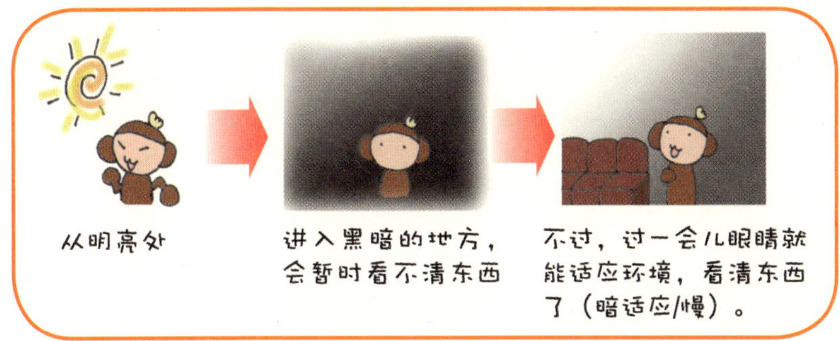

反之，从黑暗处突然进入明亮的地方，我们会感觉眼前一片白茫茫，什么都看不到。不过，过一会儿，等眼睛适应了环境，就又能看清东西了。这种现象就叫作“明适应”。在黑暗的地方，我们积累了很多视紫质以适应黑暗环境，但突然进入明亮的地方后，太多的视紫质会导致感光度太强，使我们感觉刺眼。不过，视紫质会在光的作用下分解。过一会儿，视紫质的量就恢复到了普通水平，我们便能正常看东西了。视紫质的分解速度比积累速度快，因此人的明适应也比暗适应来得快。

视觉的原理 3

~ 大脑如何处理视觉信息 ~

视细胞将视觉信息（即光信号）换为电信号，然后经由双极细胞和神经节细胞传送至大脑。接下来，传送至大脑的信息经过大脑中央的外侧膝状体，到达后脑部的视觉区。就我们人类来说，视觉区对于由视觉信息（光信号）转换而来的电信号至少要进行一阶（V1）至五阶（V5）确认。在第一视觉区（V1），只对简单的形状进行处理，然后传送到高阶视觉区。

在第一视觉区，只对信号做非常简单的处理。在这里，有辨别蓝、红、黄等颜色的细胞，以及分辨极其简单的形状如水平线、垂直线和斜线等的细胞。而且，这些细胞只对自己负责的部分有反应。比如，负责辨别蓝色的细胞，只对蓝色有反应，对其他颜色通通不感冒。而且，不论是正方形、圆形还是三角形，它们只对蓝色的有反应，并不在乎其形状。再比如，负责辨别竖线的细胞，根本无视横线的存在，只留意竖线。线条的颜色对它们的判断也没有影响。

从第一视觉区向高阶视觉区发送视觉信息时，分为两个通路。第一个通路叫“背侧视觉通路”，是第二视觉区（V2）向第三视觉野(V3)发送信息的通路。在这条通路上，对对象物的动态、空间信息以及三维形态等进行处理。另一条通路叫“腹侧视觉通路”，是从第二视觉区(V2)向第四视觉区(V4)发送信息的通路。这条通路处理对象物的颜色和形状等信息，相比第一视觉区(V1)处理的过程要复杂一些。在腹侧视觉通路中，有对复杂颜色、形状比较敏感的细胞，可以对特定的曲率、曲线组合以及复杂的形状作出反应。第一视觉区（V1）除了具有处理视觉信息的功能外，还是一个“发送基地”，可以根据视觉处理的内容，向不同的通路分配信号。

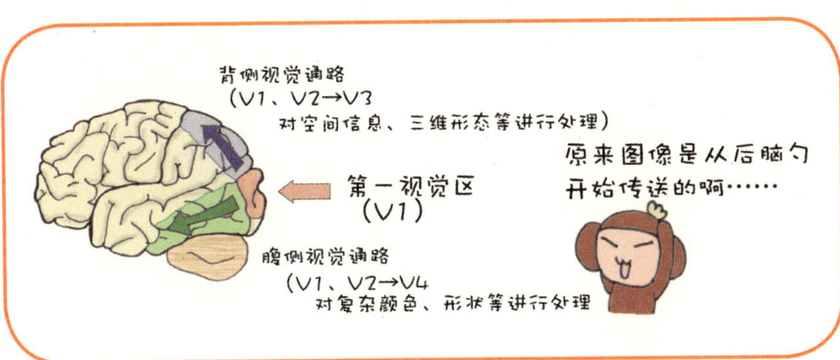

最后，经过处理的视觉信息经过腹侧视觉通路传送至侧脑叶，到了这里会对更加复杂的形状进行处理，最终完成对对象物的认知。概括来说，就是人首先对对象物的颜色、简单的线条、轮廓等作出反应，分解出其中的简单要素。然后，再分阶段对复杂的形态等进行处理。

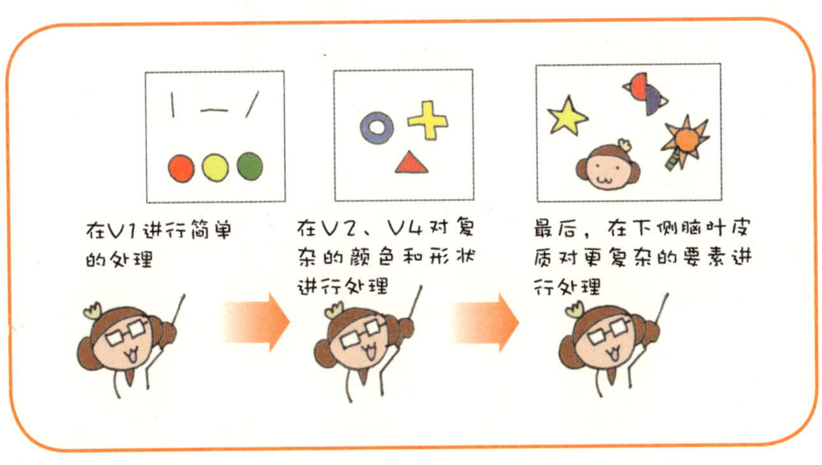

对颜色的感知系统

~ 可感知的颜色范围 ~

人眼看到的各种各样的颜色，是视网膜中的视锥细胞接收到红、绿、蓝的信息后在大脑中以颜色的形式识别出来的信号。可是，物体本身是没有颜色的。颜色只是物体反射的光经过我们的眼睛和大脑“制造”出来的一种东西。

光是电磁波的一种，波长不同，性质也不同。其中只有一小部分，即波长在380nm~780nm（1nm = 1m的10亿分之一）之间的电磁波，人类可以作为颜色识别出来。我们可以看到的光，被称为“可见光”，按波长从短到长依次为紫、蓝、绿、黄绿、黄、橙、红。

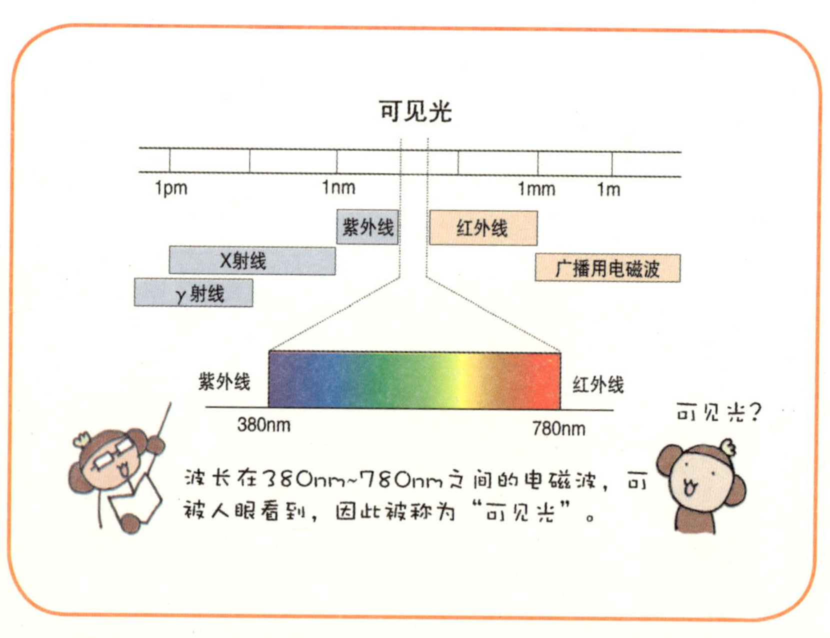

例如，熟苹果看上去是红色的，并非因为苹果本身具备呈现红色的要素，而是苹果只能反射红色的可见光。人眼捕捉到反射光，并在头脑中反应为“红色”。同理，柠檬只能反射黄色的可见光，因此它看起来就是黄色的。

顺便介绍一下，可见光中，波长最短的是紫色，波长小于紫色光、我们肉眼看不见的光被称为“紫外线”。可见光中波长最长的是红色，波长大于红色光、我们肉眼看不见的光被称为“红外线”。

我们人类有 L 视锥（红视锥）、M 视锥（绿视锥）和 S 视锥（蓝视锥）三种视锥细胞，因此具有三色型色觉。鸟类和昆虫具有四色型或五色型色觉，甚至可以看见我们人类无法“看到”的紫外线。昼行性鸟类没有视杆细胞，夜晚基本上看不清东西，但它们拥有四色型视觉，在白天看到的色彩和我们人类完全不同。

色型人与形型人

~容易受颜色影响的人与容易受形状影响的人 1~

选购雨伞或西装等商品时，如果功能、品质、价格完全相同，您会根据什么作出选择？是颜色，还是形状？

其实，认知一件商品的设计时，我们会同时受到颜色和形状两个方面的影响。一般情况下，我们会凭直觉进行复杂的判断，选出自己中意的商品。然而，有人受颜色的影响比较大，有人则受形状的影响比较大。前者被称为“色型人”，后者被称为“形型人”。实际上，要判断一个人到底是色型人还是形型人，需要进行复杂的调查和分析。不过，下面这个简单的实验可以帮您大体判断一下自己属于哪种类型。进行实验前，请清除杂念，只凭直觉回答问题。首先，注视下图 5 秒钟，然后翻到下一页的问题。

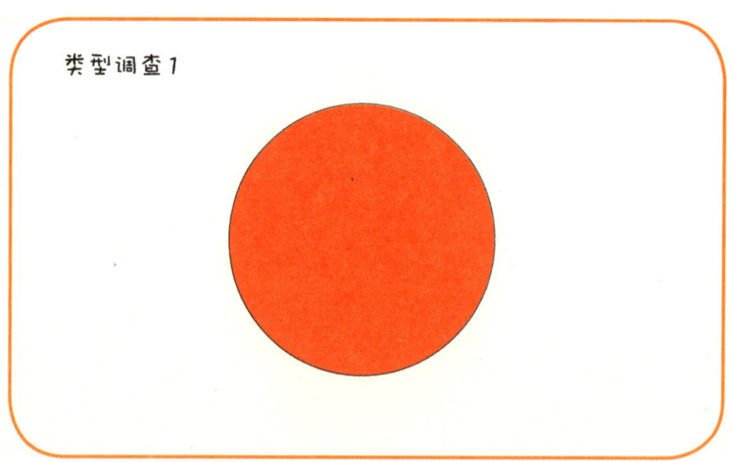

问题：您认为下图中哪一个和刚才所看的图形相同？

前一页的图是一个红色的圆形，而两个选项为黄色的圆形和红色的正方形。聪明的读者应该已经发现了，这个实验就是要考察您是对形状反应强烈，还是对颜色反应强烈。

选 A 的人，意识到形状相同，所以属于

【受形状影响强的人】

选 B 的人，意识到颜色相同，所以属于

【受颜色影响强的人】

当然，这只是一个非常简单的实验，并不能说明“选择 A = 绝对的形型人”、“选择B = 绝对的色型人”。实际上，稍作改变，很多人就会做出不同的选择。比如，稍微改变一下题干和选项的颜色，结果就会不同。要是加粗黑色的轮廓线，很多人就会受到形状的影响。总而言之，这只是一个简单的实验，得出的结论仅供参考。

色型人与形型人

~容易受颜色影响的人与容易受形状影响的人 2~

我们对很多人做了这个实验，现在来分析一下实验结果。

调查 1

我们对 210 人进行了前面的实验，实验对象的年龄从 5 岁到 72 岁不等，其中男性 116 人，女性 94 人。实验结果如下。

	A 形型	B 色型
全 体	47.6%	52.4%
男 性	55.2%	44.8%
女 性	38.3%	61.7%

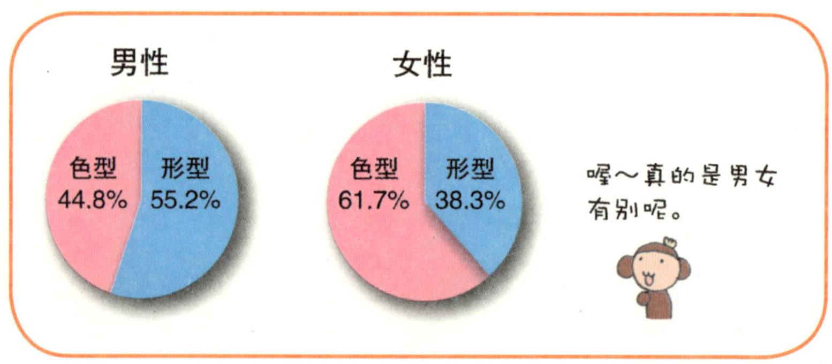

结果表明，男性中形型人略多，而女性中色型人稍多。从年龄段上进行分析，二三十岁的女性中色型人居多，尤其是三十多岁的女性，色型人的比例达到 70%。此外，儿童多属于色型人。

在实验调查过程中，我们发现一个有趣的现象。这个实验大多是在夫妻、兄弟姐妹、朋友同事之间进行的。结果表明，生活环境相同的人，不分男女，多属于同一类型。我认为这与大脑中对颜色、形状产生反应的细胞的发达程度有关。这就和共同生活的人兴趣爱好也趋向一致一样。生活环境相同的人，常常看到的都是一样的颜色和形状，对颜色和形状产生反应的细胞发达程度也大体相当。

假如一个人的主要工作是绘制色彩丰富的图案，那他与颜色相关的细胞一定相对发达。而长年看某种特定形状的人，对该形状产生反应的细胞自然发展迅速。因此，生活在相同环境中的人，更容易发展为同一类型的人。

对环境作出反应的这种大脑系统，并非人类的专利。有实验表明，在正常环境中喂养长大的动物，对各种光的刺激作出反应的细胞均得到发展。在竖条纹的房间中喂养长大的动物，只有对竖条纹作出反应的细胞得到发展，而对横条纹作出反应的细胞几乎不存在。

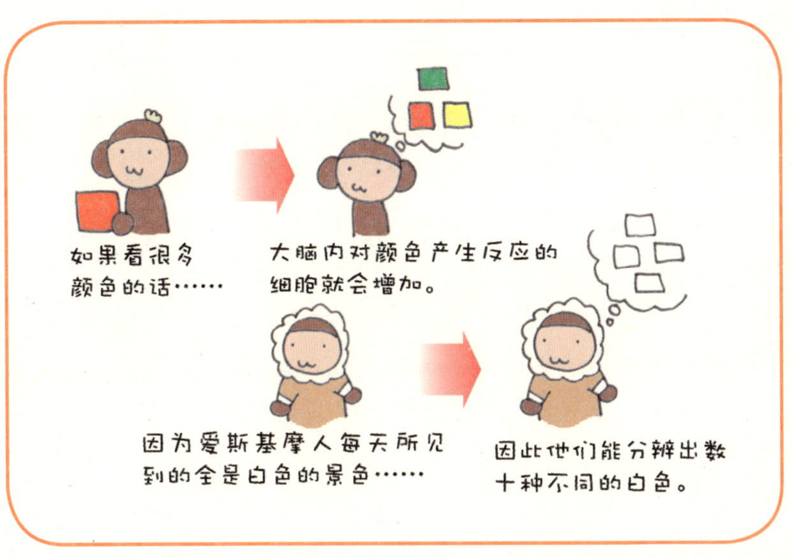

色型人与形型人

~ 色型人与形型人的性格差异 1~

色型人与形型人的性格也存在差异。对此，很多心理学家都进行过研究。德国精神病理学家恩斯特·克雷奇默（Ernst kretschmer）在性格分析研究领域颇有建树，而他的学生们则对色型人和形型人的性格差异进行了研究，并搜集到大量有价值的数据。根据他们的研究成果，容易受形状影响的人不善言谈，社交是他们的弱项；而容易受颜色影响的人，性格开朗，善于交际。不过，也有心理学家提出相反的意见，他们认为色型人比较内向，而且还很神经质。

总之，对人的性格进行分析是一件非常复杂的事情。实验方法不同，结果也会不同。如果事先没有进行周密的考虑，就无法对实验结果进行准确的分析和评价。

● 色型人与形型人的一般倾向

根据现有的研究结果，一般来说，九岁以下的儿童大部分都属于色型人，但到了九岁左右，大多数儿童会转变为形型人，并一直保持到成年后。于是，成年人中大多数都属于形型人。此外，孩子越早从色型人转变成形型人，智能的发育也越早。关于大多数九岁以下儿童都属于色型人，这点从人类大脑的发育过程也可以得到佐证。人类的大脑在发育过程中，对颜色的认知要早于对形状的认知。不过，要说大多数成年人属于形型人，似乎并不正确。前面所做的实验虽然简单，但也能说明一定的问题。该实验结果表明色型人的比例较高。如果日常所见的事物对大脑的发展确实会产生刺激，那倒是可以解释色型人增加的原因。近些年来，我们生活的色彩远比以前要丰富得多。身处色彩缤纷的世界中，人对颜色也会变得敏感，色型人也因此增加。

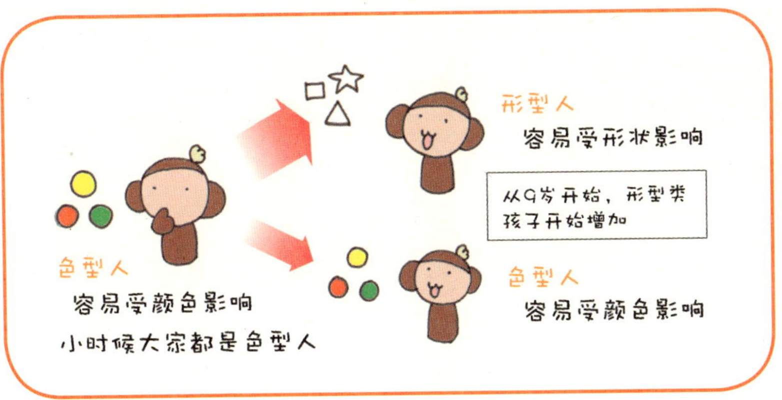

● 色型人的性格

日本武藏野美术大学的千千岩英彰教授在色型人与形型人的性格研究方面造诣颇深，他在《“色型人”的研究》一书中指出，喜欢使用色彩丰富的用品的人，多属于色型人。他对色型人的性格还作了如下描述。

1. 色型人往往禁不住刺激的诱惑

容易受颜色影响的人，善于观察时代的潮流，并会适时表现自己。具有适应社会，或者说“蒙混过关”的本领。色型人对流行服饰、化妆非常敏感，追求各种各样的刺激。换言之，就是禁不住刺激的诱惑。

色型人与形型人

~色型人与形型人的性格差异 2~

色型人的性格

2. 色型人情绪变化剧烈

色型人情绪变化剧烈，翻脸比翻书还快。对服饰和化妆的喜好，也经常变化不定。虽然色型人关注的事情比较广泛，但也正因为如此，做事时往往缺乏持之以恒的耐性。相比之下，形型人的情绪就比较稳定，不大会意气用事。

色型人
容易冲动，
做事缺乏耐性。

形型人
情绪稳定，
不大会意气用事。

3. 色型人多是“直觉派”

色型人的想法和表现方式非常有独创性。他们的兴趣总是受直觉的引导。很多事情，都凭直觉进行处理。与色型人相比，形型人更具“理论性”。

色型人
想法、表现方式具有独创性，是直觉优先的“直觉派”。

形型人
坚决、果断地行动，是思考优先的“理论派”。

●塞尚竟是形型人

有着现代绘画之父之称的塞尚，是后期印象派的代表画家。但据千千岩英彰教授推测，他很有可能属于形型人。按常理分析，画家整天置身于各种各样的颜色中，大多应该属于色型人。因此，说塞尚是形型人，多少会出乎大家的意料。不过，从塞尚的作品，特别是静物画作品中，能找到证明他是形型人的若干证据。塞尚喜欢把各种各样的对象物改变位置摆放，并进行多种尝试，然后再完成画作。塞尚追求的并非接近真实的构图，而是坚持心中的影像。也就是说，有时塞尚甚至无视透视法则，就连从自己的角度看不见的物体也画了出来。换句话说，塞尚是透过不同的视点把这些对象物画在同一幅画中了。可以说，塞尚在绘画时，主要考虑的是画的构图、构造，因此可以判断塞尚属于形型人。

婴幼儿喜欢颜色和图案

~ 人从几岁开始开始具备判断颜色与形状的能力 ~

成年人可分为色型人和形型人，儿童时期基本上都是色型人。一般人在四、五岁之前都属于色型人，到了九岁，才开始转变为形型人。

世界上有很多研究机构都在研究婴儿的认知系统。结果表明，婴儿很早就能对颜色和形状作出反应。然而，婴儿的视力水平很低，新生儿只有 0.04，六个月大的婴儿视力也只有 0.2 左右。聚焦范围为 20~30cm。基于这样的视力水平，婴儿在吃奶时刚能看清母亲的脸。婴儿大多具有较强的色型倾向，与形状相比，他们首先会对颜色作出反应。出生后不久，婴儿就具备分辨红色、橙色、黄色、蓝色的能力。这些都是接近原色、且很清晰的颜色。之后，就能分辨相似的颜色，比如蓝色和紫色。当他们长到三、四个月大时，基本上就具备与大人相近的辨色能力。

出生后的一到三个月里，婴儿对颜色和形状组合的判断力，也迅速提高。其实，人类在胎儿时期就能感受到“光亮”了。出生后，其认知功能的发展按照“颜色”、“大小 / 长短”、“平面形状”、“立体形状” 的顺序进行。

此外，以前人们认为色彩感是与生俱来的，但现在普遍认为人的色彩感主要是通过婴幼儿时期的视觉体验获得的。因此，在婴幼儿时期给孩子看尽量多的颜色，对其色彩感的培养有很的帮助。

下面介绍一个早些年的研究成果。据美国西储大学（Case Western Reserve University）1961 年的研究发现，给两三个月大的婴儿看各种颜色的圆形时，最能吸引婴儿目光的颜色依序是：红色 › 黄色 › 白色。如果是印刷品或者靶子之类带有图案的，婴儿会更感兴趣。由此可见，婴儿喜欢彩色大过无色，喜欢图案多过空白。

日本也有机构专门研究儿童的玩耍方式，以便发现儿童的兴趣所在。结果显示，五六岁的儿童更喜欢玩角色扮演等带有职业体验性质的游戏，而三四岁的儿童则更多使用积木等玩具作为游戏的道具。这一阶段的儿童通过接触各种各样的形状，来吸收更多关于颜色、形状方面的知识。

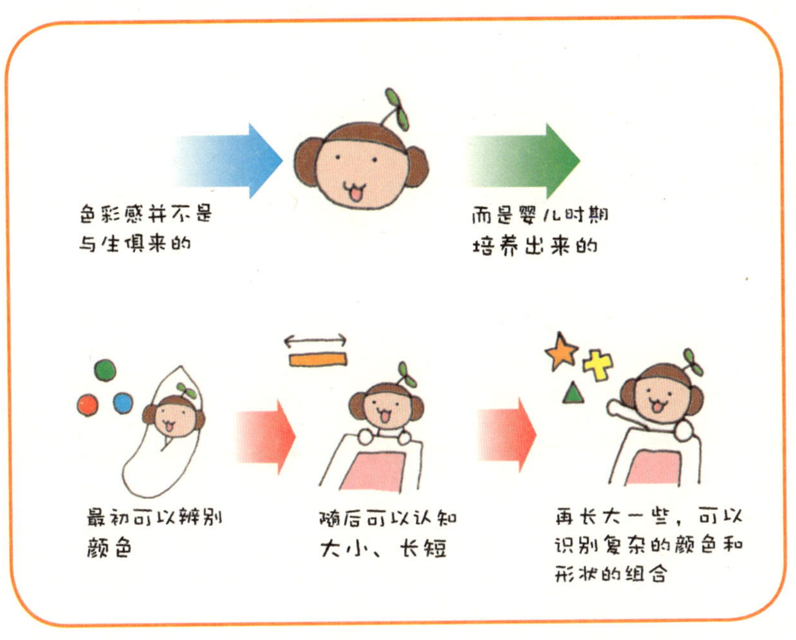

认知的特性 1

~ 人类优先左视野 1~

了解了认知特性，就能明白我们认知设计的过程。接下来，为大家介绍几个人类认知的特性，我们一起来了解自己大脑有趣的工作原理和认知倾向吧。

下面是一张超市宣传单，请您浏览一下。

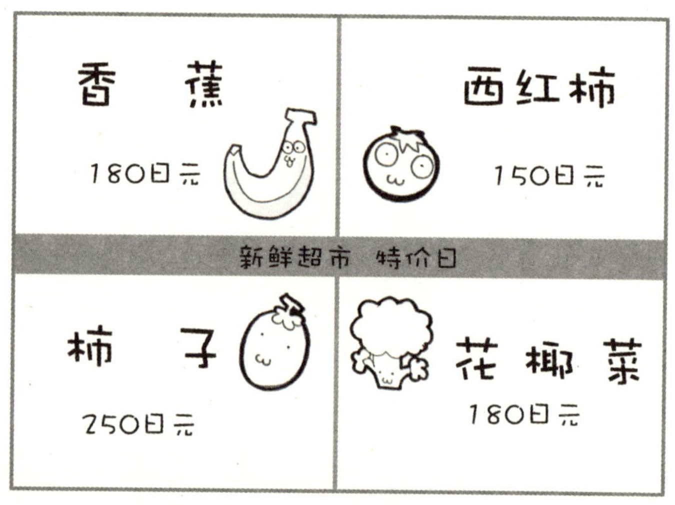

在这张宣传单上，注有几种商品及其价格。第一眼看到这张宣传单时，你最先注意到的是什么内容呢？像这样一张载有多种信息的宣传单摆在面前时，大多数人都会从左上角开始看起。也就是说，大部分人都最先看到了左上角的香蕉。曾用这张宣传单对 100 人进行了一次简单的调查，结果，最先看到香蕉的人占 73%，最先看到西红柿的占 22%，而柿子和花椰菜分别占 3% 和 2%。

一般人看这张宣传单时，视线会呈“Z 字形”移动，即顺序依次为 1. 香蕉（左上），2. 西红柿（右上），3. 柿子（左下），4. 花椰菜（右下）。其实，印刷行业很清楚大家的这种习惯，于是在设计宣传单时，肯定会把极力推销的商品放在左上角。

接下来，看第二个问题。上面有上下两张脸，您觉得哪一张更像在笑呢？

凭直觉，是不是觉得上面一张脸更像在笑呢？

实际上，这两张脸的表情完全一样，都是喜悲各半，只是左右相反罢了。然而，人们对左边的印象更为深刻。上面那张脸的左边正好是笑脸，因此大家会觉得那张脸更有笑意。

在日本，整条鱼做菜上桌时，照规矩要把鱼头摆在客人左边。这样做主要是便于右手用筷子的客人从鱼头附近开始吃起。不仅如此，把鱼头摆在左边，客人会最先看到鱼头，这样整道菜看上去更加美味，更容易激发客人的食欲。

认知的特性 1

~人类优先左视野 2~

那么，人类为什么会优先左视野呢？

问题的关键在于，眼睛接受的刺激是如何传达到大脑的。视网膜中的视细胞将视觉信息转换为电信号，然后通过外侧膝状体传达至第一视觉区。左视野和右视野的信息传递虽然是同时进行的，但最终到达的目的地却存在微妙差异。实际上，左右眼的右半部分的视觉信息，通过视交叉传达至相反一侧的左脑。同样，左右眼的左半部分的视觉信息，则通过视交叉传达到了右脑。

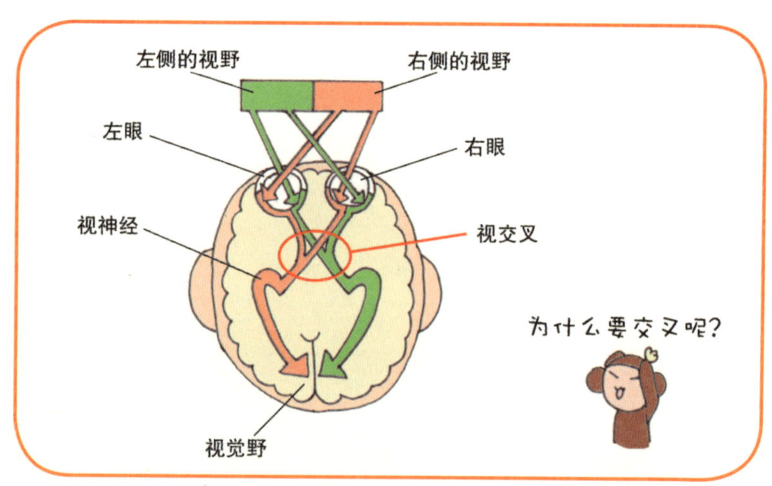

也就是说，左视野的信息，由右脑进行处理。人的大脑分为左脑和右脑，左右脑处理的信息不同。一般来说，右脑主宰艺术与直觉，左脑则处理理性的思考。

然而，现代的科学研究认为上述说法并不科学，相反左右脑之间是存在联系的，而且左右脑之间的差异并没有人们以前想象的那么大。左脑和右脑之间存在明确差异的，只有语言功能。有趣的是，大脑控制语言的功能与人是左撇子还是右撇子存在一定关系。97%~99% 的右撇子，语言功能由左脑控制；而在左撇子中，60%~70% 的人由左脑控制语言功能，15%~20% 的人由右脑控制语言功能，其余的左撇子则左右脑都能控制语言功能。

如果说右脑支配人的直觉，因此会优先处理左视野传来的的信息，这么讲未免有点牵强，并不是科学的解释。但另一方面，有调查数据显示，右脑更善于进行人脸的识别、大小的分辨、形状的分类以及以视觉信息为基础进行的工作。这一点也许能够佐证我们优先处理左视野信息的能力是受右脑某种功能影响的观点。

此外，鸟类似乎也有左视野优先的特征。有人曾对雏鸟进行研究，发现雏鸟一样有这种情况。因此，可以说这种认知特性是与生俱来的。鸟类和我们人类不同，它们右脑和左脑之间的联络路径并不发达。以此为突破口，科学家也许能够揭开人类右脑的秘密，让我们拭目以待吧。

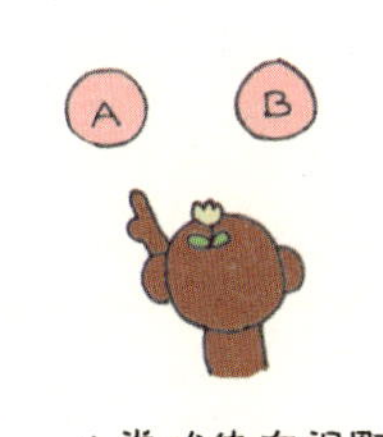

人类优先左视野

这是因为
左视野信息由右脑处理，右视野信息由左脑处理。

我们认为人类的右脑存在某种视觉优先处理系统。

认知的特性 2

~ 背景与图案的关系 ~

对于一幅平面设计作品，我们无意识感知到的部分叫做“背景”，有意识看到的部分叫做“图案”。关于人类是根据什么来分辨“背景”和“图案”的问题，丹麦心理学家鲁宾（E.Rubin）进行了深入的研究。“鲁宾之杯”就是揭示背景与图案关系的著名图案（如下图所示）。如果把图中的白色部分看作图案、把黑色部分看作背景，结果会看到一只浮现在黑色背景上的白色杯子。反之，如果把黑色部分看作图案、把白色部分看作背景，则可以看到两张对视的脸。对于这幅图，黑白两部分都可以看作图案，但却不能同时看出杯子和人脸。这也是我们人类认知的特性之一。如果不相信，您可以尝试一下。

怎么样？想同时看出杯子和人脸是不是不太可能？科学家们以“鲁宾之杯”为基础，对图案和背景的关系展开了各种各样的研究，并总结出容易被人看成是“图案”的一些规律。

· 一般来说，面积小的部分比面积大的部分更容易被人当作图案来识别；

· 从上下关系来看，上面的部分更容易被人识别为图案；

· 与位于水平方向或垂直方向上的相比，倾斜的更容易被人识别为图案；

·相比宽度不规则的，有一定宽度的更容易被人识别为图案；此外，有规律的、重复出现的，更容易被人识别为图案；

· 与左右不对称的相比，对称的更容易被人识别为图案；

· 相比冷色，暖色的更容易被人识别为图案。具体而言，红色的最容易被人识别为图案，接下来是橙色和黄色。此外，亮色比暗色更容易被人识别为图案。

相比背景，图案更容易给人留下印象，并多被赋予某种含义。

中央的白色部分面积小且比较明亮，因此容易被看成图案。

怎么我看出的总是和大家相反？

暖色更容易被看成图案。左侧看起来是橙色杯子，右侧看起来则是红色人脸。

认知的特性 3

~ 干扰信息 / 斯特鲁普效应 ~

我们可以不假思索、自如地运用语言。可是，如果加入一些不容易意识到的干扰信息，就会产生非常有趣的现象。

下面，我们来做一个有关干扰信息的有趣实验。首先，请您读出下列单词。

黄色　　红色　　绿色　　蓝色　　红色　　绿色　　黄色

应该很简单吧。那么，我们继续，请按顺序回答出下列圆点的颜色。

这个问题也很简单。就像您回答前面两个问题一样，人可以在瞬间辨别出眼前的文字或颜色。不过，请您继续往下看。请回答出下列文字的颜色，注意！不是文字所表示的颜色，而是文字的颜色。

绿色　　红色　　蓝色　　绿色　　红色　　黄色　　蓝色

与前两个问题相比，回答这个问题肯定多花了些时间吧。当文字的含义与文字的颜色不同时，人就要同时处理两类信息。当这两类信息在大脑中相互干扰时，就会在一定程度上减慢人的反应速度。

而且，人阅读文字的速度要比认知颜色的速度快一点，所以在回答这个问题时，虽然想说出文字的颜色，却无意识注意到文字所表示的含义，甚至脱口而出。这种现象在心理学上被称为“斯特鲁普效应”。

进行设计时，如果不了解这一心理效应，而是将颜色、图案随便组合，结果往往不受欢迎。以标志为例，标志的图案和颜色都具有特殊含义，如果无视它而随便设计，恐怕会让使用者产生斯特鲁普效应，从而延长识别标志的时间。

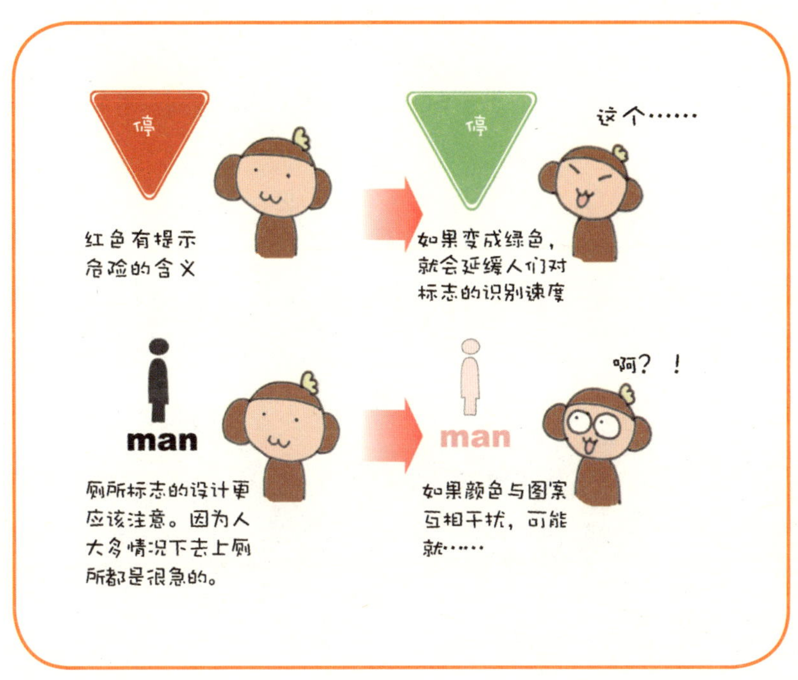

认知的特性 4

~ 颜色与大小的恒定性 ~

这里所说的恒定性，是指尽管随着场所、明暗度等的变化，我们所感知到的某物体的信息会发生变化，但在我们脑海中该物体的各种特征，比如大小、颜色、重量等，却始终保持不变。

○ 大小的恒定性

当对象物与我们之间的距离发生变化时，我们肉眼看到的对象物的大小当然也会发生变化。不过，我们人类会自动对视觉进行修正，推测出对象物的实际大小。尤其是对于人的身高、汽车的大小等，我们已经作为一种经验将这些数据保存在大脑中了。因此，在不同的环境中，我们会用经验数据来修正视觉的误差。左下方的图描绘的是远处和近处两个怪物，远处的看起来小，近处的看起来大。但在脑海中，我们认为两个怪物是一样大的。在右下方的图中，两个怪物与左下方图中的相同，只是并列在一起。这样看起来，我们就不会认为两个魔鬼一样大，而是一个大一个小。

大小的恒定性具有非常重要的作用。比如在画风景画时，我们的大脑就会对远近景物的大小进行修正，这样画出的景物比例才会准确。

○ 颜色的恒定性

在室内的荧光灯下看香蕉和在室外的夕阳下看香蕉，颜色是不同的。因为在不同的环境中，物体反射的光的波长存在很大差异。夕阳下看香蕉，黄色中会泛红。然而，人并不会感觉香蕉的颜色有多大变化，还会认为它是黄色的。这就叫做“颜色的恒定性”。

即使光的波长发生很大变化，人依然可以正确认知物体的颜色。这也可以从另一侧面证明光本身并不带有颜色，而颜色只是人在脑海中自己制造出来的。昆虫、猴子等也具有颜色恒定性的认识特性。

认知的特性 5

~ 脉络效应 ~

首先请大家看下图中的图画日记。这是一个小朋友和妈妈逛街购物后写下的日记。

看过之后，是不是觉得这只是一篇普通的儿童图画日记？如果没发现什么异常，请再仔细看一遍。实际上，“王府井”写成了“王井府”，但很多人都没有看出来。能发现这一错误的，一般都是注意力特别集中的人。读文章时，大部分人都会跟随文章的脉络推测下面的内容。受到前面“西单”的影响，人大多会推测后面并列的也是地名，于是对后面的内容只是大体浏览一眼，便估计就是“王府井”。因此，才不太容易发现其中的错误。在心理学上，这种现象被称为“脉络效应”。

这种效应的“威力”非常强大，很多人不知不觉中就会受到它的影响。写电子邮件时，我们写完一般都会回头检查一遍，以确认没有错别字和丢字漏字。可是，往往很难发现错误，这就是受到脉络效应影响的结果。事后发现时，您也许会因自己的疏忽大意而感到悔恨和气愤。其实，不必大惊小怪，这只是我们认知系统的特性之一，而且每个人都会犯这样的错误。

不仅文字认知存在脉络效应，图形和听觉等认知也存在脉络效应。例如，如下图所示，单纯地把○和△罗列起来，我们看不出它们代表什么。但如果勾勒出脸的轮廓，我们就能看出○是眼睛，△是嘴巴。单独把眼睛、鼻子、耳朵等器官画出来时，如果画得不够形象，有时令人难以识别。可是，如果先画出一张脸的轮廓，再把器官放在脸的适当位置上，那么即使画得不太形象，我们也能一眼认出这是眼睛那是鼻子或耳朵。在这里，脸的轮廓也是一种脉络，它可以帮助我们识别眼睛、鼻子和耳朵等器官。

此外，手写的“13”和“B”有时也很难区分，但是如果有前后文的话，我们就不会将两者混淆了。

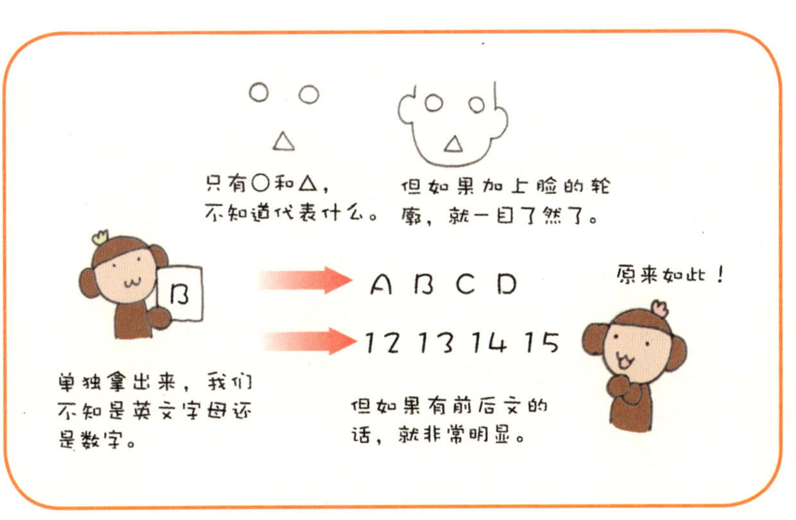

认知系统的总结

~ 眼见不一定为实 ~

当我们看某个物体时，物体反射的光线通过眼睛的晶状体到达视网膜，视网膜中的细胞又将光信息转化为电信号并发送到大脑，最后大脑经过判断后告诉我们对象物是什么。在我们大脑内部，存在只对单一颜色或特定形状作出反应的细胞，经过第一次处理后，再逐级向高级处理区域发送。

对于颜色和形状作出反应的细胞，其发达程度因人而异。而且，有人容易对颜色作出反应，而有人容易对形状作出反应，因此才有了所谓的色型人和形型人之分。夫妇、兄弟姐妹、朋友、同事多属于同一类型，因为他们的生活环境相似。

此外，人类的认知系统还有以下五个特性：

1. 人类有优先左视野的倾向。当左视野与右视野接收到的信息不同时，人容易受到左视野信息的影响。

2. 在识别图案与背景时，我们的认知系统也存在一定的倾向，比如“面积小的部分比面积大的部分更容易被人识别为图案”。

3. 人类对颜色、文字等的认知速度是不同的。当这些信息一起出现时，会相互造成干扰。

4. 人类的视觉具有恒定性的特性。即使环境的变化会使我们感知到的颜色、大小等发生变化，但在我们印象中，物体的各种特征始终保持不变。

5. 即使文字、图案等处于不完整的状态，只要有前后文，我们也可以根据脉络理解其含义。

正如前面列举的几点所述，我们人类的认知系统有很多有趣的倾向。我们总是认为“眼见为实”，但实际上很多情况下，我们眼睛看到的并不是真实的。这是因为我们不但具有“高级的感觉系统”，还具有“暧昧的认知系统”。也许我们看到的景色和身边的人看到的完全不同呢。总而言之，我们人类的认知系统，是一种非常复杂、难以理解的系统。

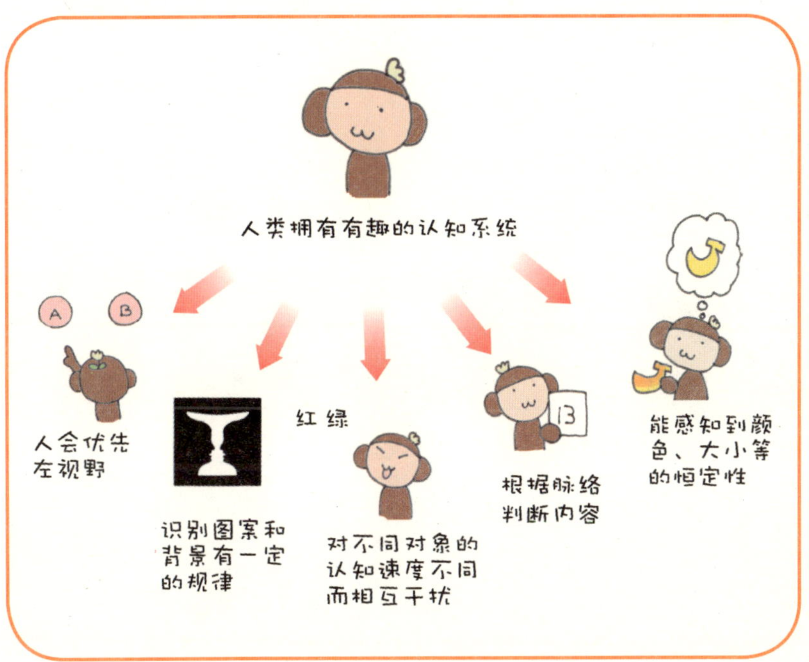

此外，即使看的是同一个物体，不同人对该物体的印象也存在很大差异。正因为如此，研究人们对设计的认知才非常困难。在下一章中，我们将以设计给人留下的印象为中心进行探讨。

人类优先左视野
例如，在这两个水果中，你先看到哪个？
香蕉！
嗯嗯
那这两个，你先看到哪个？
香蕉！
这……
这……
你是猴子！

第二章

认知与印象

看到一件有创意的作品时，我们会产生“可爱”、“华丽”、“普通”等印象。“印象”，其实是非常恐怖的，有很强的“动机”，可以支配人的情感和行为。肯尼迪成功扭转不利竞选局面、当选美国总统，正是利用了人们对颜色的印象。

在这一章里，我们会全面分析不同颜色、配色、颜色和形状组合给人的印象。借此，我们不仅可以审视一下之前自己或自己的创意给人留下的印象，还有了随心所欲制造出想要印象的最便捷的参考。更有五个绝佳应用实例，进行实战讲解。

认知与印象

~ 印象的形成 ~

实际上，“看”设计作品时，我们用的不是眼睛，而是大脑。第一章为大家讲解了人类的认知系统，本章将对与“认知”同时进行的“印象化”做讲解，具体会讲到印象的重要性以及印象所具有的力量。

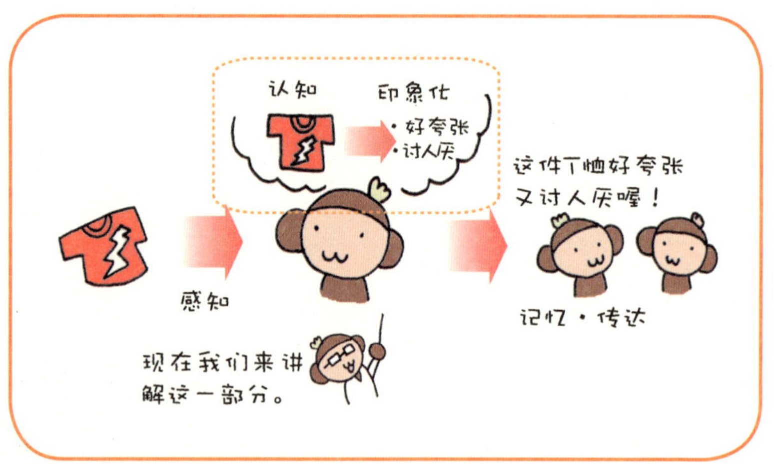

“认知”一件新西装时，我们会凭直觉产生这件西装“潇洒”、“大方”等印象，并想象自己穿上它时的样子。由此可见，印象中既有对认知对象进行评价的“语言印象”，又有自己使用认知对象时的“视觉印象”。

设计师进行设计时，最为重要的就是要考虑使用者的这些印象，而非通过设计要表现什么理念。通过设计表现些什么，那是艺术家的事。作为商业设计师，必须考虑观看、使用设计作品的人会产生怎样的印象。如果设计的产品不能让顾客产生好的联想，当然不会有人购买。

那么，印象究竟是怎么产生的呢？其实，印象的形成，正是我们人类独有的想象力在发挥作用。看到设计作品前，我们大脑中已经保存了与之相关的各种知识。对设计作品进行认知时，我们会对脑海中的知识进行检索，提取出相关内容，然后再将这些知识与看到的设计作品进行对比，寻找二者之间的新联系，从而形成对设计作品的印象。简单而言，就是“利用过去记忆、保存的知识，想象新的感觉、印象”。

印象的重要性

~印象具有可怕的力量1~

“印象”，其实是非常恐怖的。它具有非常强的“动机”，可以支配人的情感和行为。在具体讲解之前，我们先要说明印象的力量有多大。

● 固有观念会对印象产生影响

遇到行迹可疑的人时，我们会感觉“那人很可怕”或“不像好人”，甚至在脑海中遐想出那人实施犯罪的画面。不管对方是不是“良民”，先凭外表或行为就判断其品性，这是典型的受固有观念影响的例子。

再举个例子，大家都在《动物世界》中看过非洲草原上的狮子捕猎的情景吧，其中雄狮给人的印象尤为深刻。那彪悍的体形、威武的鬃毛、震天动地的吼叫、不可一世的眼神，让它不愧为“百兽之王”。于是，我们会理所当然地认为，在狮群中，雄狮是负责捕猎的。实际上，雄狮比雌狮要懒惰得多，而且捕猎的技术也比雌狮逊。在我们的固有观念中，捕猎理应是“男性”的工作，因而也会把雄狮想象为狮群中的“猎手”。

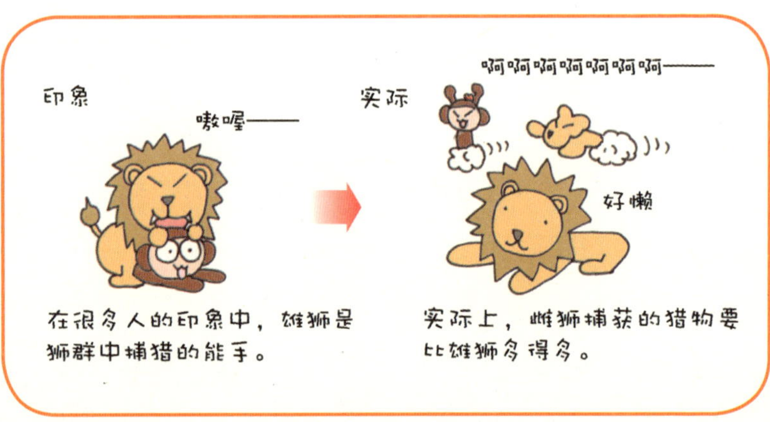

● 视觉信息在人的印象面前不堪一击

前面已经讲过，我们人类具有高级视觉系统。然而，高级视觉系统在我们的印象面前不堪一击。先以交通信号灯为例。在日本人的固有观念中，交通信号灯由红、黄、蓝三色组成，“红灯停，蓝灯行”。实际上，日本现在大部分交通信号灯都是红、黄、绿三色。虽然每天看着绿色的信号灯通行，但受“红灯停，蓝灯行”的固有观念影响，很多日本人还一直认为表示通行的信号灯是蓝色的。

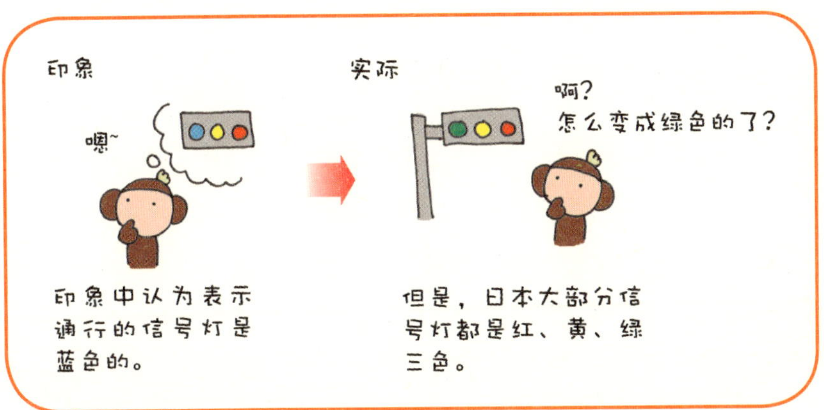

此外，在犯罪现场，警察通常要对目击者进行询问，搜集有关犯罪嫌疑人的更多信息。但实际操作中，通过询问，警察虽然能搜集到大量信息，可是其中可信度高的证言并不多，而且有很多信息并不符合实际情况。接受警察询问时，目击者的想象力开始发挥作用。即使没有看清犯罪嫌疑人的脸，也会很详细地描绘出他的相貌。有的目击者甚至凭空捏造出歹徒手持凶器的言辞，而破案后才证实情况并非如此。出现这种现象并非目击者故意说谎，而是遇到这样的事情时首先会感到紧张，进而用想象制造出一系列“视觉记忆”。由此可见，我们的印象有多么可怕！

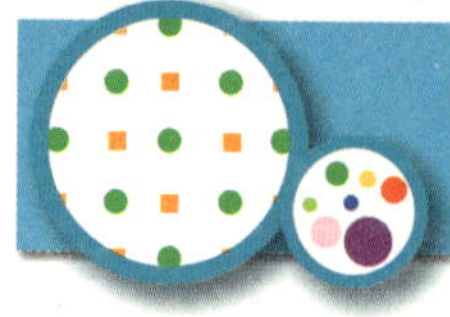

印象的重要性

~ 印象具有可怕的力量 2~

● 利用人们的印象取得成功的案例

有人曾利用人们对颜色的印象取得了巨大成功，他就是美国第 35 届总统约翰·F·肯尼迪。在总统竞选大战中，无论是知名度还是经验，肯尼迪都不及对手尼克松，一直屈居弱势。然而，在一次电视辩论中，这也是美国历史上第一次总统选举电视辩论，肯尼迪使竞选局势发生逆转。为了彰显自己年轻、热情的形象，肯尼迪穿了一套藏青色的西装，并配上红色领带。尼克松则穿着灰色西装。当时的舞台背景灯为浅灰色，而电视又都是黑白的，因此穿灰色西装的尼克松被淡化成一个模糊的人影，肯尼迪的深色西装、红色领带则在光线的反差下显得十分欢快，在美国国民心目中塑造出一个充满热情、既值得信赖又有亲和力的领导者形象。最终，肯尼迪击败尼克松，当选为美国总统。

其实，在背后支持肯尼迪取得成功的，正是他的形象顾问。在美国，形象顾问不仅帮人设计发型和服饰，还包括说话方式、语气语调、行为举止等整体形象上的把握。由此可见，美国人很早以前就注意到印象的重要性，并加以实践了。

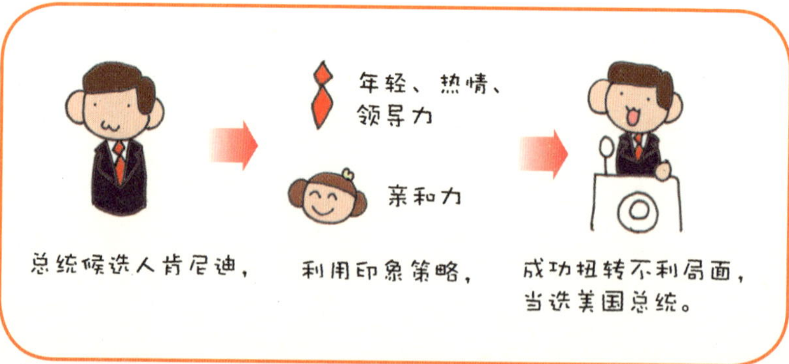

● 设计与印象

进行设计时，也必须考虑受众对设计作品的印象，即设计作品的形象。以产品设计为例，如果产品能够引起顾客好的联想，自然会畅销，反之，恐怕无人问津。由此可见，产品形象对企业的销售业绩有很大的影响，而产品形象和企业形象之间又是相辅相成的关系。企业会使用各种战略来提升产品形象，产品的形象提升了，企业在大众心中的形象自然也会提升了。反之，企业形象提升，其产品也更容易为消费者所接受，而且不论推出什么新产品，大多都容易得到好评。

此外，很多企业喜欢请明星作代言人。这主要是想借助明星的良好形象，在大众心目中制造一种明星企业形象。而且，明星推荐的产品，会让人有一种“安心感”和“信任感”。

近些年来，印象的重要性日益突出。与了解本来的面目相比，现代人更容易根据自己用想象制造出来的印象来判断人或事物。因此，我们要想在别人心目中留下良好印象，不仅要保持自己的本真，“印象控制”也是非常重要的。为此，我们必须首先了解到底什么是印象。

印象的形成与形成印象的难易度

~ 形成印象的难易度 ~

认知一件设计作品时，人是怎样形成印象的呢？又会形成什么样的印象呢？

实际上，这是一个非常复杂而且难于理解的问题。印象是由过去的知识、经验制造出来的。每个人的生活环境、成长经历不同，积累的知识和经验也不同，而且记忆的牢固程度也不同，因此，对于同一事物、现象形成的印象当然也各不相同。

例如，某位男士对黄色西装情有独钟。询问原因，发现其昔日女友喜欢穿黄色的衣服。那些美好的回忆一定残留在脑海的某个角落，因此他会无意识地对黄色产生好感。不过，也有男士对黄色的衣服非常反感。仔细了解才知道，他曾被深爱的女友无情抛弃，而女友当时穿的正是黄色的衣服。这件事对他造成创伤，触景生情，自然讨厌黄色。综上所述，人的想象与以往的记忆密不可分，不同的人有不同的记忆，因此会形成不同的印象。我们不可能了解每个人的过去，所以要想完全准确地预测别人的印象几乎是不可能的。

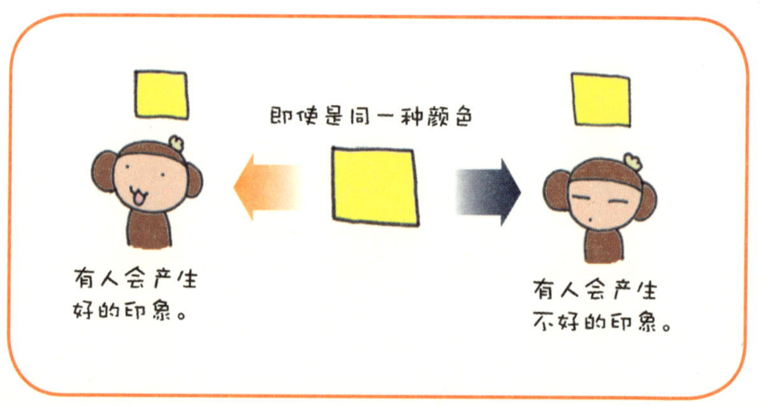

然而，并不是说因为预测人类的印象非常困难，我们就放弃研究。正如前面介绍的，摸索出人对颜色、形状的“喜欢”、“厌恶”之类的感情原理，非常困难。不过，像“华丽”、“素雅”等视觉印象或语言印象，还是有一定规律可循的。这些共通的印象，我们有必要来了解一下。

例如，鲜艳、朝气蓬勃的红色，容易让人联想到太阳和火焰，而萌生温暖的印象。看到黄色的“☆”形标志，大多数人自然而然会想到天上的星星。实际上，星星并不是那个形状，即使是夜晚肉眼所见的星星也和那个形状相去甚远。

如前所述，容易引起人们联想的事物，叫做“印象难度低”的事物。反之，像紫红色、蓝绿色等颜色以及平行四边形等形状，不容易引起人们的联想，这样的事物就是“印象难度高”的事物。印象难度高的事物多是平时较少使用的颜色或抽象的形状，人不容易把它与过去的记忆联系起来。

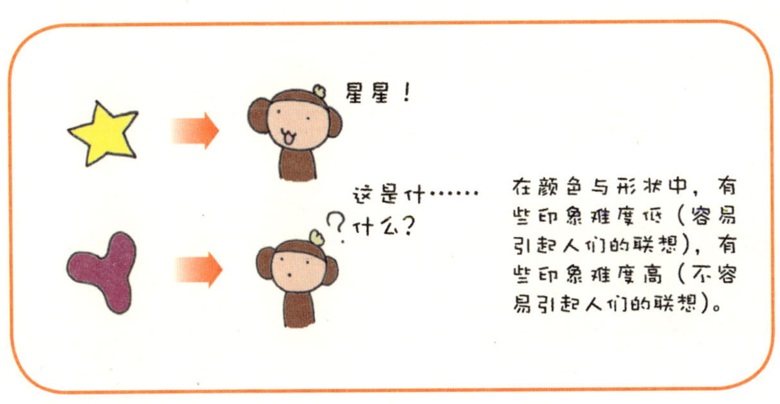

颜色的印象

~ 单色给人的印象 1~

接下来，我将以印象难度低的颜色为主，总结一下这些颜色能使人产生什么样的印象。印象有视觉印象和语言印象两种。颜色的色相标示采用孟塞尔颜色系统（Munsell color system），该系统是将颜色量化表示的一种方式。

※ 以下列举出的由颜色产生的印象，是根据众多调查数据分析出来的结果。当然，由于个体差异，不一定全都适用。

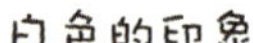

●印象难度低的颜色

白色的印象

（视觉印象）
- 雪
- 云
- 水花
- 婚礼
- 日本新年

（语言印象）
- 纯洁
- 清洁
- 无垢
- 明亮
- 洁白
- 可喜
- 崭新
- 新鲜
- 冰冷
- 孤独
- 难以接近

就像我的心灵一样纯净！

黑色的印象

（视觉印象）
- 夜晚
- 黑暗
- 墨汁
- 葬礼
- 摩登设计

（语言印象）
- 不安
- 强大
- 正式
- 威严
- 严肃
- 神秘
- 高级
- 阴暗
- 不安
- 不吉利
- 绝望

我感到一股看不见的力量……

红色的印象

（视觉印象）

- 太阳
- 火焰
- 鲜血
- 婚礼
- 运动
- 格斗
- 口红
- 番茄
- 红酒
- 消防车

（语言印象）

- 明亮
- 激烈
- 热情
- 领导力
- 华丽
- 喜庆
- 行动力
- 革命性
- 兴奋
- 嫉妒
- 攻击性
- 危险
- 有嫉妒心
- 被禁止
- 被压抑
- 痛苦

我是战队英雄的首领！

橙色的印象

（视觉印象）

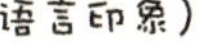

（语言印象）

- 橙子
- 桔子
- 夕阳
- 日本铁路中央线（JR 东）（列车车厢为橙色）
- 日本大阪环线（JR 西）（列车车厢为橙色）
- 海胆
- 金盏草
- 枇杷
- 胡萝卜
- 救生衣
- 万圣节

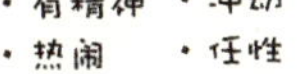

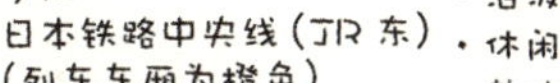

- 有精神
- 热闹
- 活泼
- 休闲
- 美味
- 温暖
- 华丽
- 有行动力
- 快乐
- 幽默
- 亲切
- 冲动
- 任性
- 讨厌

看见橙色，我的心情就很好。

黄色的印象

（视觉印象）

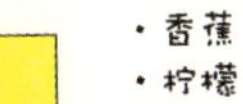

- 香蕉
- 柠檬
- 光芒
- 菠萝
- 向日葵
- 油菜花
- 芒果
- 黄金
- 小鸡、小鸭
- 施工现场

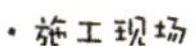

（语言印象）

- 有希望的
- 幸福的
- 愉快的
- 爽朗的
- 幽默的
- 温暖的
- 华丽的
- 欢喜的
- 崭新的
- 危险
- 不安
- 焦躁

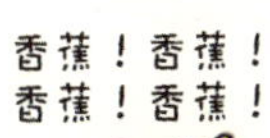

香蕉！香蕉！
香蕉！香蕉！

黄绿色的印象

（视觉印象）

- 草
- 麝香葡萄
- 龙须菜（即芦笋）
- 豌豆
- 青蛙
- 芥末
- 黄莺
- 日本抹茶

（语言印象）

- 新鲜
- 年轻
- 平易近人
- 自然
- 恬静
- 温柔
- 青春洋溢
- 清爽
- 稚嫩
- 令人害怕
- 有害
- 貌似有毒

5GY

没熟的香蕉。

蓝色的印象

（视觉印象）

- 海
- 水
- 天空
- 蓝宝石
- 雪
- 蓝莓
- 鱼

（语言印象）

- 诚实
- 冷静
- 理性
- 安定
- 好眠
- 有希望
- 可信赖
- 专注
- 神秘
- 幸福
- 悲伤的
- 寂寞的
- 冰冷的
- 忧郁的
- 不安定的

既安定又不安定？
还真是矛盾啊。

绿色的印象

（视觉印象）

- 自然
- 森林
- 蔬菜
- 竹子
- 山
- 翡翠
- 绿宝石
- 麻将垫
（日本麻将垫多为绿色）
- 昆虫

（语言印象）

- 安全
- 调和
- 亲切
- 自然
- 和平
- 清爽
- 安静
- 有生命力
- 有疗愈效果
- 可怕
- 幼稚
- 不成熟

5G

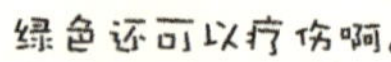

粉色的印象

5R

（视觉印象）
- 樱花
- 春天
- 女性
- 孩子
- 桃子
- 丝带
- 小猪
- 火烈鸟

（语言印象）
- 可爱
- 甜美
- 温柔
- 恋爱
- 清纯
- 孩子气
- 女性化
- 浪漫的
- 靠不住
- 软弱
- 幼稚
- 半途而废
- 诱惑

不知为什么，穿上粉色衣服就会很安心。

茶色的印象

（视觉印象）
- 泥土
- 大地
- 树木
- 田舍
- 蘑菇
- 马
- 兽皮

（语言印象）
- 素雅
- 自然
- 传统
- 沉稳
- 古典
- 获得抚慰
- 温和
- 质朴
- 浑浊
- 陈腐
- 保守
- 顽固

穿成这样，我就像一个栗子。

淡蓝色的印象

（视觉印象）
- 水
- 天空
- 玻璃
- 宝石
- 冰
- 花

（语言印象）
- 清爽
- 清凉
- 透明
- 清澈
- 清洁
- 年轻
- 轻盈
- 浪漫
- 放松
- 冰冷
- 孩子气
- 内向
- 软弱
- 不安

我才不是小孩哩！

颜色的印象

~ 单色给人的印象 2~

接下来，给大家介绍印象难度高的颜色。为什么这些颜色不容易引起人们的联想呢？因为大多数人的脑海中并没有与之相关的记忆，或者说这样的记忆非常淡薄。

在自然界或日常生活中，我们接触这些颜色的机会很少，对相关知识的储备不多，因而不容易将之与各种语言印象联系到一起。不过，在特定场所或特定人群，可能经常接触到某种印象难度高的颜色。比如，日本冲绳海域的颜色接近蓝绿色，当冲绳人看到蓝绿色时就会想到大海。而东京人看到蓝绿色时，绝对联想不到热带海洋，最多只能想到某些时装颜色。

印象难度高的颜色虽然不容易引起我们特定的联想，但由于平时很少见到，见到时会带给我们空前的新鲜感。

● 印象难度高的颜色

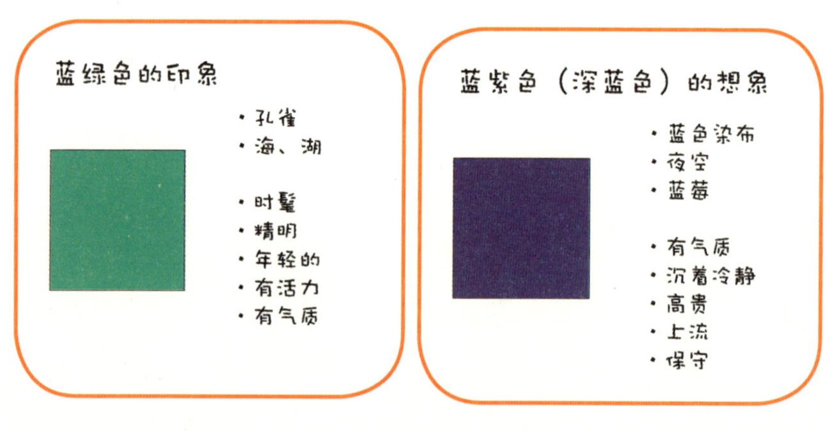

苔绿色的印象

- 橄榄
- 黄莺
- 军装

- 沉静
- 隐秘
- 和风
- 传统
- 厚重

紫色的印象

- 茄子
- 菖蒲
- 紫水晶

- 高贵
- 神秘
- 纯粹
- 和风
- 妖艳

薰衣草色（淡紫色的一种）的印象

- 薰衣草

- 高贵
- 优雅
- 女性化
- 幻想
- 温柔

紫丁香色（淡紫色的一种）的印象

- 紫丁香

- 华丽
- 女性化
- 高贵
- 优雅
- 个性

银灰色的印象

- 银
- 混凝土

- 摩登
- 安静
- 无机质
- 理性
- 简约

炭灰色的印象

- 木炭
- 黑暗

- 威严
- 正式
- 厚重
- 摩登
- 认真

形状的印象

~颜色与形状的组合给人的印象 1~

接下来，我们来分析一下形状给人的印想。首先，我要问您一个问题：三角形、正方形和圆形这三种基本形状，分别搭配红、黄、蓝三色，那么您觉得哪个形状配哪种颜色合适？

约翰·伊登（Johannes Ien）是瑞士艺术家、色彩学家，曾在包豪斯学院担任讲师。他认为，三角形最适合黄色，正方形最适合红色，而圆形最适合蓝色。三角形给人斗争的印象，所以搭配鲜艳的黄色；安静又稳重的正方形很搭红色；圆滑动感的圆形则适合蓝色。这是伊登的看法，您觉得呢？

红色确实是一种很强烈的颜色，可能给人稳重的印象，而选择搭配正方形。红色的温暖印象加上圆形，容易让人联想到太阳。日本的国旗“日之丸”，中间就是一个红色的圆形。此外，红色给人的印象偏动而非静，所以有人会联想到同样具有动感的三角形。火红的篝火就是三角形的。伊顿觉得圆形有动感而选择蓝色，而大多数人会认为红色比蓝色更具动感。实际上，有调查结果显示，与伊顿做出同样选择的人只占全体的 20% 左右。

印象与人过去的记忆密不可分。生活环境、成长经历、文化背景不同的人，对颜色和形状的印象也不同，对形状与颜色的搭配会有各自的看法。形状与颜色的搭配没有绝对的对与不对之分（实际上，对某一形状来说，确实存在相对适合和不适合的颜色），只是不同的搭配方法会给人不同的印象。我认为，设计师在进行设计时，重要的不是考虑如何搭配更加合适，而是这样的搭配能给人带来什么样的印象。

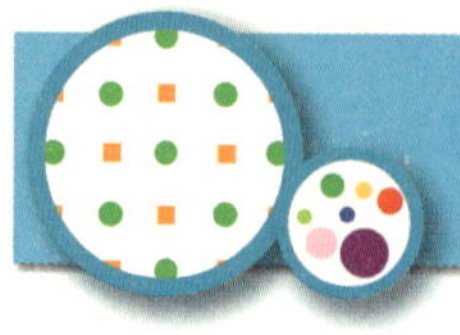

形状的印象

~颜色与形状的组合给人的印象 2~

现在，我给大家具体介绍一下单纯形状给人的印象、以及形状搭配颜色后给人的印象。这里没有所谓的“标准答案”，每个人当然会有不同的印象，只是希望给各位一个有价值的参考。

※ 以下内容是根据众多问卷调查的结果总结而来的。不仅如此，我还研究了三百多家日本企业的 Logo（标志），据此总结出一些有关颜色、形状和印象之间的关系。

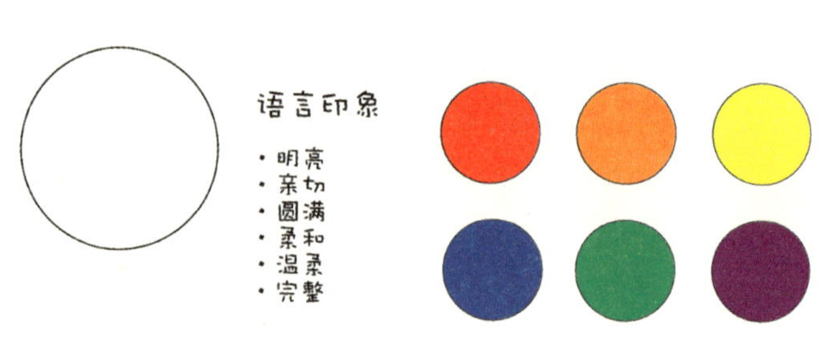

这种形状的使用方法

圆形可以使人产生“亲切”、“温柔”等感觉。整体而言，圆形是好感度很高的形状。在企业的Logo设计和产品设计中，经常用到圆形。圆形等曲线线条在自然界中非常普遍，所以人类在本能上就很喜欢圆形。

圆形可以使人联想到“相连”、“永不终结”、“环、圈”等，设计师多用圆形的这些好印象引发人们好的联想。例如，蓝色的圆形常用来表示地球，而红色、黄色的圆形则多象征太阳。

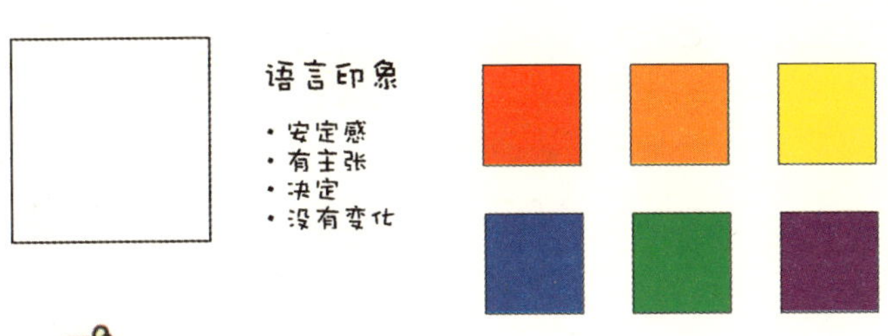

这种形状的使用方法

正方形可用来表现“安定感”和“力量”。正方形配以黑色或蓝色，更能表现出安定感。因此表达安定或信赖时，经常会用到正方形。

不过，因为正方形太有安定感了，缺乏变化，不适合用来表现新颖性或先进性。

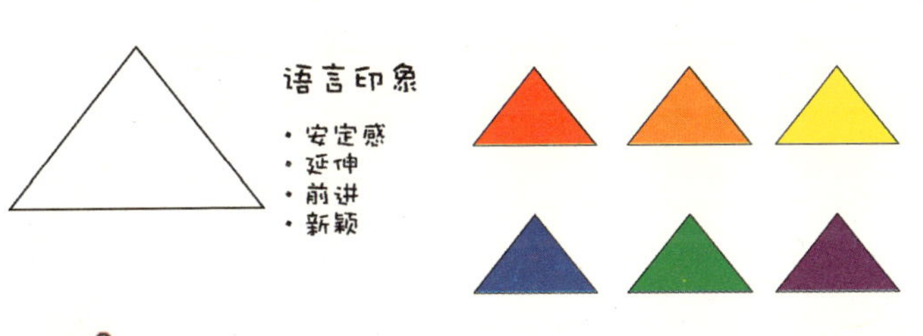

这种形状的使用方法

和正方形一样，三角形的底边稳稳地“坐”在地上，给人一种安定感。上面的角为锐角时，容易让人联想到向上前进、提升。因为具有稳定和前进双重印象，很多企业在设计Logo时喜欢加入三角形的元素。

绿色的三角形可以使人联想到山、树木等自然景物。相比蓝色，双重印黄色等轻快的颜色更能突出三角形向上的动态。

语言印象

- 闪耀
- 炫目
- 快乐
- 孩子气

这种形状的使用方法

在各种形状中，五角星是少数在颜色搭配上非常有限的形状。除了黄色，几乎没有其他搭配。原因很简单，五角星形让我们联想到天上的星星，而在我们的印象中，星星就是黄色的。只要搭配好背景颜色，五角星就能表现出欢乐的气氛。

很多产品和企业Logo中使用了五角星，可能是取其“永远闪耀”的含义吧。

语言印象

- 安定感
- 柔和
- 温柔
- 有变化

这种形状的使用方法

这个形状是将正方形的四个直角变成柔和的圆弧后得到的。它保持了正方形的“安定感”，增加了“柔和”与“变化”的感觉。虽然只对正方形的四个角做了些许改动，但给人的整体印象却发生了很大变化。

网页中的点击按钮和产品的按键开关多使用这个形状，给人柔和、亲切的感觉。不过，由于这种形状表现的“柔和感”中透出“刚强”，很少有企业用它来做Logo设计。

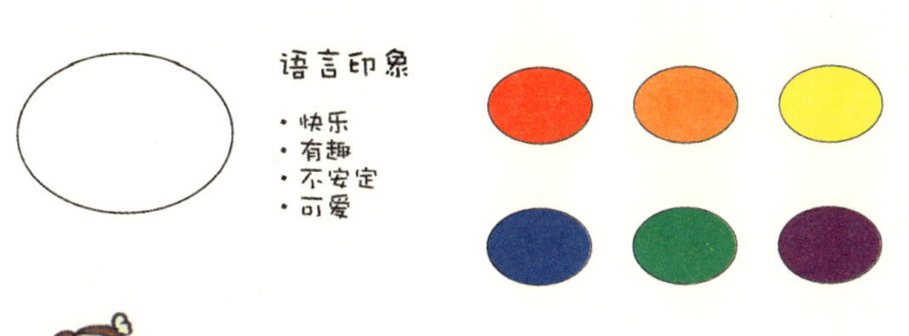

这种形状的使用方法

横向延伸的椭圆形，比圆形更能表现出“快乐”、“可爱”等感觉。不稳定的外型呈现出趣味性，同时还象征着变化。如果用黄色或橙色搭配椭圆形，可以把快乐的感觉表现得淋漓尽致。

所有暖色系颜色搭配椭圆形，都适合用来表现食物。

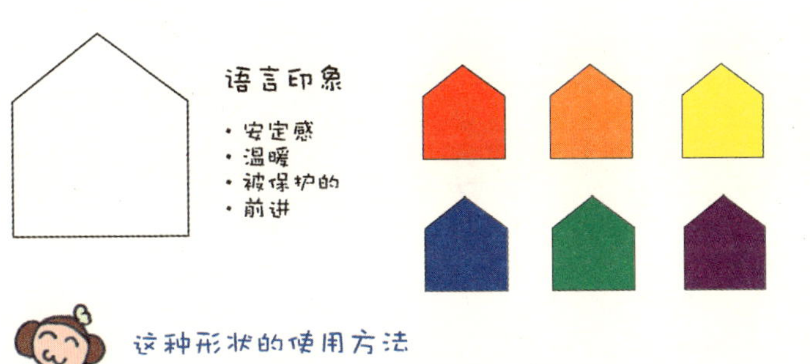

这种形状的使用方法

这是一个由三角形和正方形组合起来的形状，三角形在上，正方形在下。这个形状会让我们联想到房子和家，得到一种安定感。家，还能使我们感觉到“温暖”、“被保护”等。如果配以红色或橙色，这种感觉会更加强烈。

此外，和三角形一样，这个形状也有向上前进的感觉。若是搭配激发行动力的暖色系颜色，这种感觉会更为强烈。

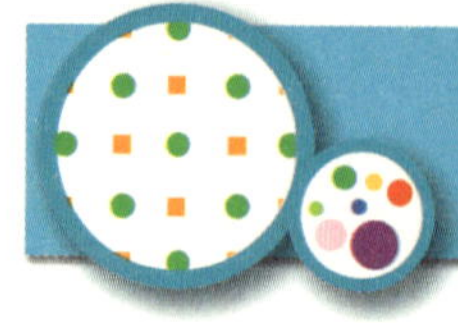

配色的印象

~配色给人的印象 1~

下面要介绍的是两种以上颜色的配色给人的印象。学习本小节时，不需要死记硬背，只要弄清配色为什么会产生这样的效果即可。建立一个体系来理解配色尤为重要。

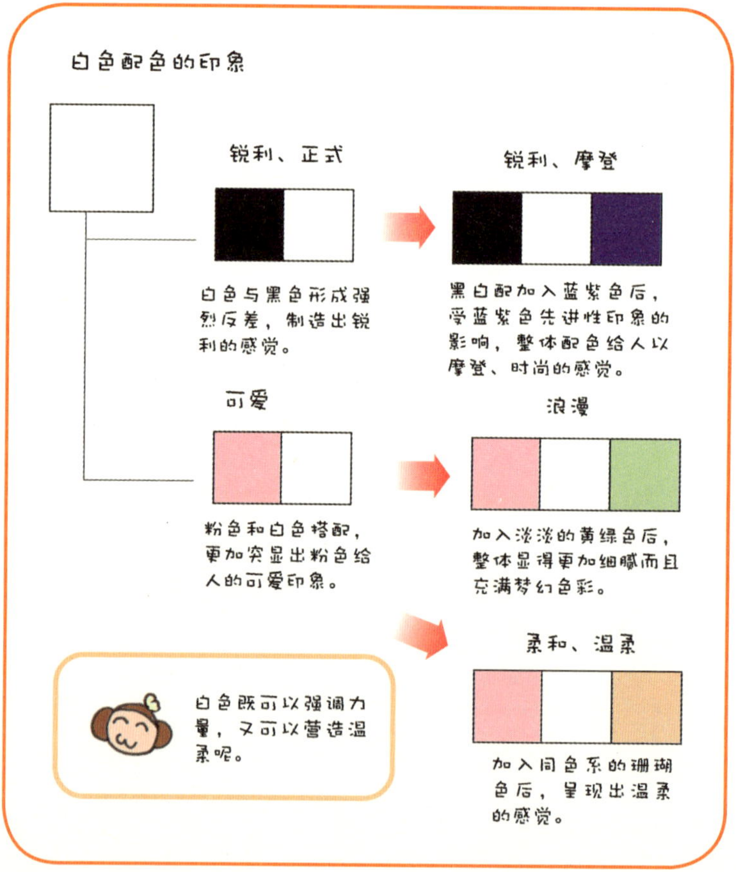

白色配色的印象

锐利、正式

白色与黑色形成强烈反差，制造出锐利的感觉。

锐利、摩登

黑白配加入蓝紫色后，受蓝紫色先进性印象的影响，整体配色给人以摩登、时尚的感觉。

可爱

粉色和白色搭配，更加突显出粉色给人的可爱印象。

浪漫

加入淡淡的黄绿色后，整体显得更加细腻而且充满梦幻色彩。

柔和、温柔

加入同色系的珊瑚色后，呈现出温柔的感觉。

白色既可以强调力量，又可以营造温柔呢。

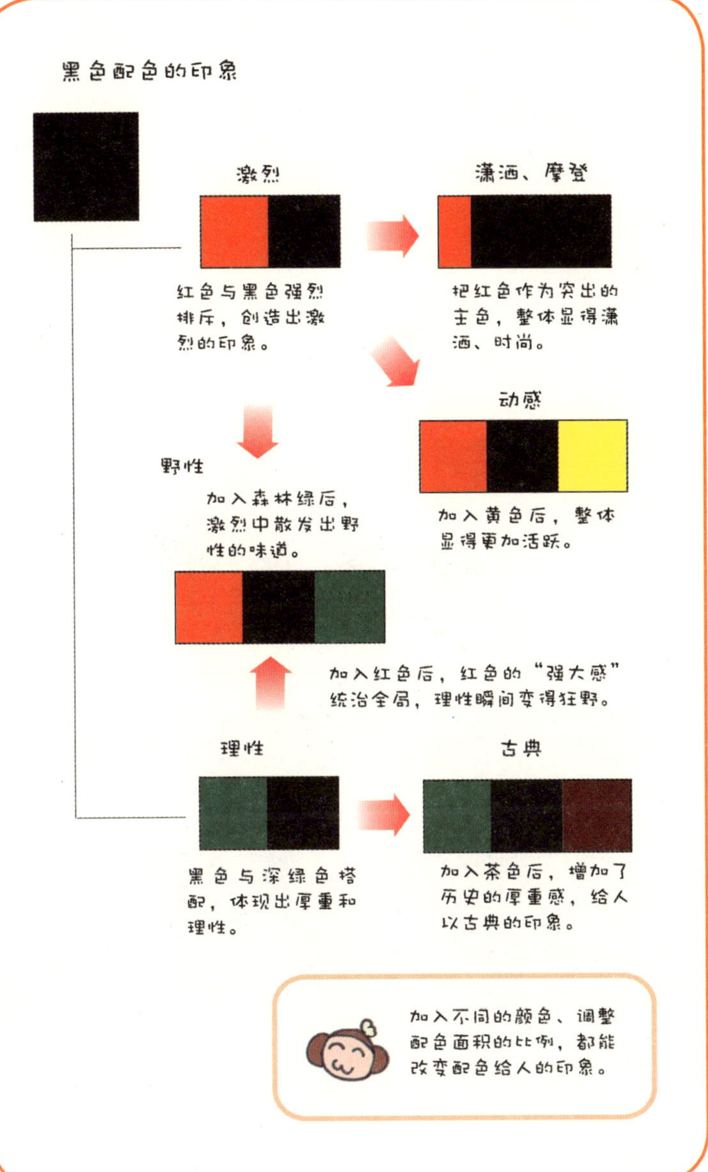
黑色配色的印象
激烈
红色与黑色强烈排斥，创造出激烈的印象。
潇洒、摩登
把红色作为突出的主色，整体显得潇洒、时尚。
动感
加入黄色后，整体显得更加活跃。
野性
加入森林绿后，激烈中散发出野性的味道。
加入红色后，红色的“强大感”统治全局，理性瞬间变得狂野。
理性
黑色与深绿色搭配，体现出厚重和理性。
古典
加入茶色后，增加了历史的厚重感，给人以古典的印象。
加入不同的颜色、调整配色面积的比例，都能改变配色给人的印象。

配色的印象

~配色给人的印象 2

红色配色的印象

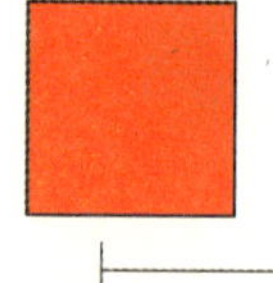

快乐

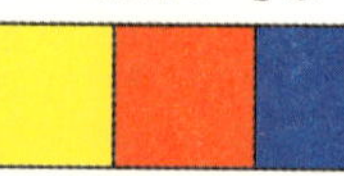

红黄配色中，红色可以突显黄色明快、快乐的印象。

热闹、嘈杂

加入黄色的补色（相反色）蓝色后，整体配色充满了动感。

鲜艳、华丽

快乐的红黄配色中加入紫色或强烈的红紫配色中加入黄色，红黄紫三色搭配在一起显得异常鲜艳、华丽。

充满活力

加入黑色后，更加突显出跃动感。

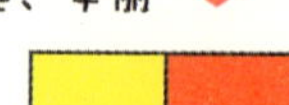

配色给人的印象，竟然有一定的规律可循。

强烈

在红紫配色中，红色起到了强调紫色奇异魅力的作用。

优雅

强烈的红紫配色加入粉色后，整体上达到一种平衡，呈现出优雅的感觉。

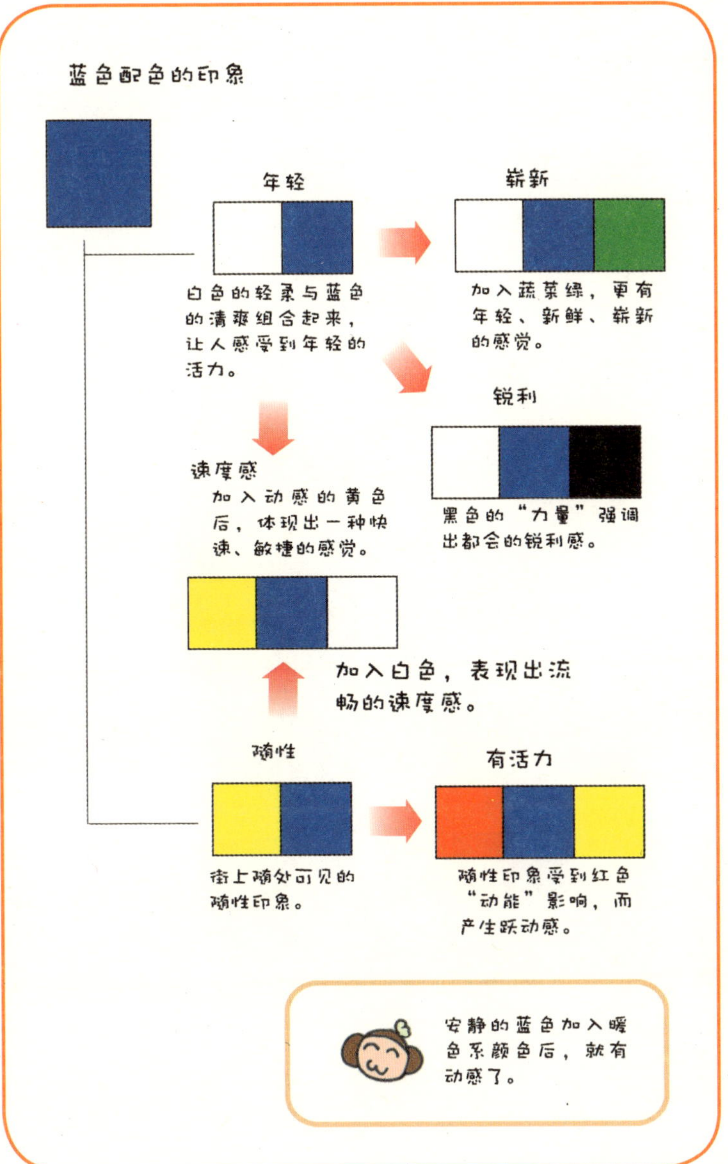
蓝色配色的印象
年轻
白色的轻柔与蓝色的清爽组合起来，让人感受到年轻的活力。
崭新
加入蔬菜绿，更有年轻、新鲜、崭新的感觉。
锐利
黑色的“力量”强调出都会的锐利感。
速度感
加入动感的黄色后，体现出一种快速、敏捷的感觉。
加入白色，表现出流畅的速度感。
随性
街上随处可见的随性印象。
有活力
随性印象受到红色“动能”影响，而产生跃动感。
安静的蓝色加入暖色系颜色后，就有动感了。

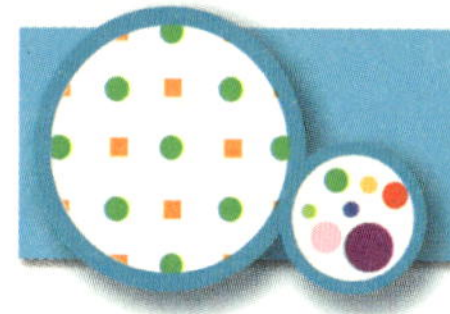

人会将设计单纯化、印象化

~ 对复合设计的认知 ~

前面已经介绍过，对于特定的形状、单色或简单配色的印象，人们具有一定程度的共识。不过，如果图形过于抽象，记忆会各有不同，形成的印象自然也不一样。此外，如果颜色与形状的组合太复杂，就不容易在脑海中检索到相关的记忆，而难以形成印象。在这种情况下，人会采取一种“特征印象形成法”。在详细说明之前，请您先看下面的和服设计。

上图是一件有鹦鹉图案的和服。不过，大多数人并不会仔细看和服上到底是什么图案，相反只是从整体上进行模糊的认知:这件和服由几种颜色搭配而成。尤其是对图案没有特殊兴趣时，这种倾向更加明显。其实，明明已经看到了鹦鹉，大脑却没有相对的认知。忽视图案的细节、只从整体上进行单纯化的认知，这就是我们会用到的一种非常有趣的“特征印象形成法”。

在和服设计领域，有这样一句俗语：用图案就用大图案。如果图案太小，容易被人进行单纯化认知，会显得过于朴素。只有大图案才能引起人们的注意。和服设计属于平面设计，而平面设计中的图案更容易被人单纯化认知。

对设计进行单纯化认知的行为，也存在个人差异。例如，经常穿和服的人或者很注意和服图案的人，对和服上的图案会非常敏感，肯定不会对其进行单纯化认知。相反，对和服没什么兴趣的人，则有将图案进行单纯化认知的倾向。

对于颜色比较敏感的色型人，不大会在意形状，因此色型人也容易对设计图形进行单纯化认知。

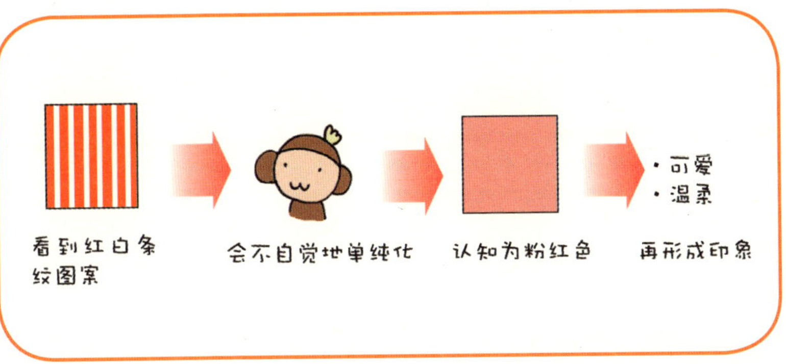

利用印象进行设计的成功案例

~ 图形标志 ~

有些设计掌握了颜色与形状的印象特征、性质，且运用得恰到好处。图形标志就是最好的例子，它利用简单的图画向人们提示危险、指示道路等。这种标志要尽量用简单的图案进行表现，让人们形成直觉上的印象，从而传递信息。

日本真正开始进行图形标志设计，源于 1964 年的东京奥运会。奥运会要接待来自世界各地的运动员和观众，因而需要一种跨越语言障碍、让所有人都能简单识别的标志。于是，便有了图形标志。现在，世界各国的机场，都设有这样的标志。

对于图形标志的设计，以下四点是必不可少的：

1. 视认性（设计容易被看见）；

2. 理解度（不需学习，凭直觉就可形成印象）；

3. 记忆度（简单到过目不忘）；

4. 协调度（在使用场合中接受度高，不会被排斥）。

以一个我们常见的图形标志——“安全出口”标志为例。看到这个标志，很多人都能联想到：从这里可以出去。这个标志看似简单，实际上为了让大家容易理解其中的含义，设计师在设计时可谓精雕细琢。

在“安全出口”标志中，人的脚下有一道影子，而重点在于影子和脚之间留出了一定空隙。由此我们可以看出那个人在奔跑，而且迈的步子很大，表现出一种“紧急感”，在心理上营造出急迫的情绪。

此外，请您留意一下图中人的手。他的一只手与建筑物相连，这样一个细节能让人瞬间联想到他的手已经伸到了建筑物的外面，从而形成“从这里可以出去”的心理印象。其实，看到图后，我们无意识中就能认知到这些细节，并产生上述印象。

这个图形设计使用了绿色，绿色在 JIS 标准（即日本工业标准）中表示“安全”、“避难”。如果使用醒目的红色，会给人“停止”、“危险”的印象。如果使用红绿配色，又会给 M 视椎（绿视椎）异常的人造成识别。图形标志是一种通用设计，应力求让更多的人毫无障碍地理解其中的含义。

右侧是M视椎（绿视椎）异常的人看到的结果。因此，如果使用红绿配色，会使这些人识别起来很困难。

利用印象进行设计的成功案例

~ 交通标志 ~

设计交通标志时，最主要的出发点就是要让驾驶员瞬间就能准确获取多种信息。

日本的交通标志主要有四种类型，每一种都是根据其特殊目的进行设计的。第一种，指示标志，指示道路的目的地或当前的道路，如“××号国道”；第二种，警告标志，指示前方有路口或岔路等，提醒驾驶员提高警惕；第三种，禁令标志，向驾驶员传达“禁止进入”或“限速”等信息；第四种，提示标志，表示“此处可以停车”、“请在线内停车”等信息。

尤其是警告标志和禁令标志，必须在瞬间准确向驾驶员传达信息。为了达到这样的效果，从形状的选择上看，警告标志都采用菱形，禁令标志则多用倒三角形。菱形和倒三角形是自然界中很少见的形状，人看到后会产生一种不和谐感，因而会提高对它们的注意度。这就是形状的作用。

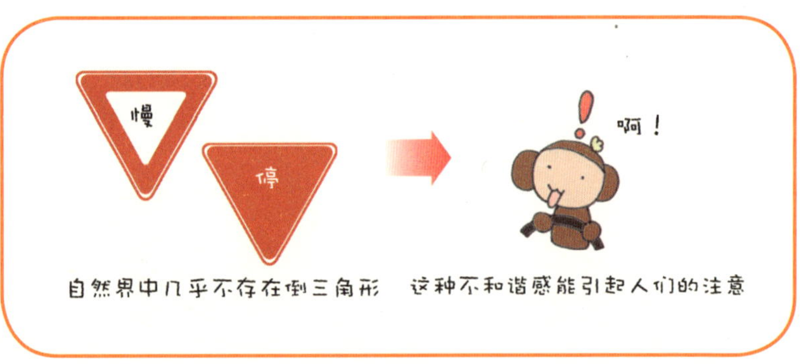

日本的警告标志全部采用菱形，黄色底上加黑色图案。黄色与黑色的组合是视认性最高的一种配色。所谓视认性高，首先指可见度高，即从很远的地方就能看到；其次指容易理解其传达的信息。此外，黄黑配色有强烈的力量感，容易引人注意。例如，铁道口的横杆就采用黄黑配色，从直觉上就能唤起人们对危险的意识。

临时停车、缓行、禁止进入等禁令标志大多使用红色。如果黄黑配色是视认性最高的配色，那么红色就是诱目性最高的颜色，即最引人注意的颜色，或者说是能让人最快感知到的颜色。除了交通标志外，JIS 标准中也用红色表示“禁止”、“停止”、“危险”等。看到红色，人在瞬间就能意识到前方可能存在危险。

利用印象进行设计的成功案例

~ 企业 Logo~

企业 Logo，是企业的象征，蕴含着企业的经营理念，传达出企业未来发展的方向。

如果您问我："贵公司是一家什么样的公司？"我只要给您看公司的 Logo，您就能得到想要的答案。一个企业的 Logo 设计必须做到这一点：不用赘言，就能让人联想到企业的大体情况和发展方向等。因此，企业设计 Logo 时，重点不是合不合适，也绝非经营者喜不喜欢，而是"看到 Logo 的人会对企业产生什么样的印象"。

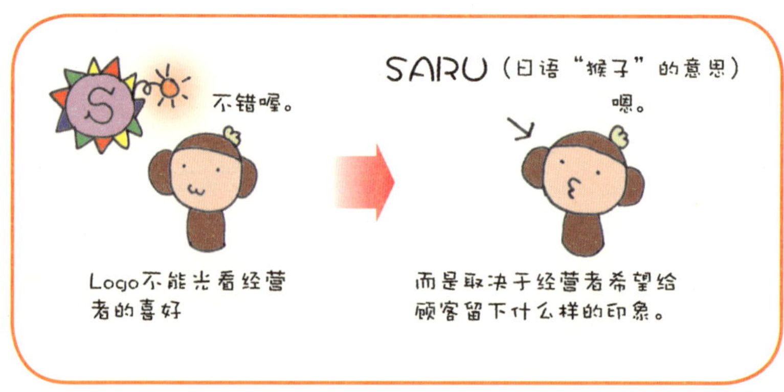

人会综合各种因素来评价一个企业，而且，树立企业形象需要一定的时间。例如，一个深蓝色的企业 Logo，如果经常出现在人们的视线，会给人一种"诚实"、"可信"的印象。当然，要树立良好的企业形象，单凭出色的 Logo 设计是远远不够的，广告宣传、产品质量和服务态度等也很重要。

有一次，某家网页设计公司的老总问了我这样一个问题："最近，有好多公司的 Logo 都用了蓝色，是有什么用意吗？

确实如此，"蓝色"是很多公司钟爱的颜色。前面说过，蓝色可以给人"诚实"、"安定"的印象。从时代背景来看，"诚实"、"安定"是企业非常重视要树立的形象。此外，蓝色还能使人联想到"先进性"。可以说，蓝色是世界上唯一一种人见人爱的颜色。红色、黄色、绿色等颜色，在不同国家，受欢迎的程度有所不同。唯有蓝色，几乎所有人都喜欢。因此，要想把企业做成跨国公司、走向全世界，蓝色的企业 Logo 是首选。

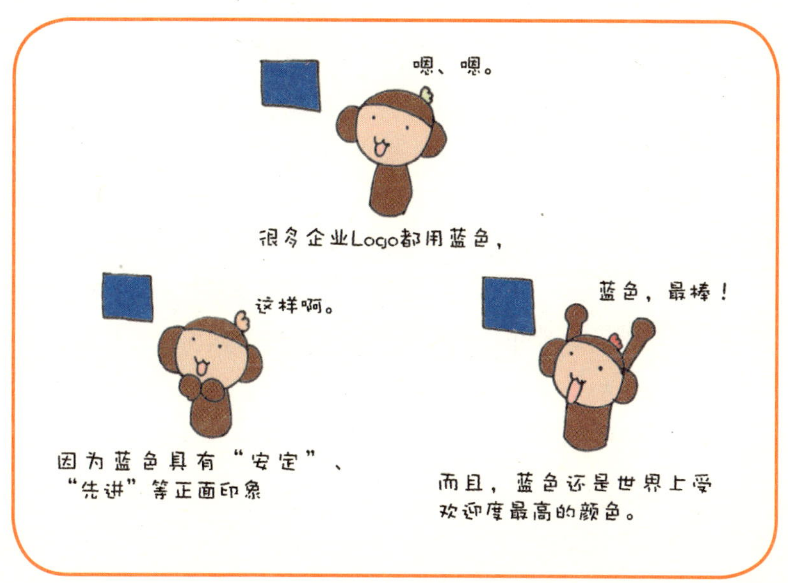

树立良好的企业形象，需要企业进行长久的努力。相反，要破坏企业形象，简直轻而易举。可能一个小小的污点，就能让人产生极坏的联想。不要忘记，我们人类是受想象左右的动物。形象破坏给企业带来的损失是超乎想象的。因此，企业在树立形象的同时，也不要忘记维护形象。

利用印象进行设计的成功案例

~竞选海报 1~

要获得竞选的胜利，最重要的是什么？候选者的热情？抓住民心的演讲？例行的竞选活动？还是诚实、可靠的人品？对政治家来说，这些都是必不可少的因素，但要想赢得竞选，仅靠这些是不行的。竞选中最重要、其实也很简单的因素，那就是“印象”，即通过外表引发的联想。前面已经讲过印象在竞选中的重要性。肯尼迪和尼克松的总统之争以肯尼迪的胜利告终，这与其说是肯尼迪的胜利，不如说是肯尼迪形象的胜利。

日本人对政治缺乏关心，很少有人会积极观看电视中政治家们阐述自己的政见，对街头演说之类的“政治作秀”更是不屑一顾。有些选民并不倾向于任何政党或候选人，但在选举期间，票还是要投的，那么他们会依据什么作出选择呢？此时，候选人的形象将在极大程度上左右这部分选民的投票。

候选人树立良好形象的一个重要工具就是竞选海报。实际上，所有候选人都深知竞选海报的重大影响。因此，在设计制作时，他们也是八仙过海各显神通。

要想通过竞选海报给选民制造好印象，就必须在海报的颜色和图案上下功夫。竞选海报上，宣传效果最佳的莫过于候选人的脸和表情了。相貌、发型、笑容等都是候选人的“个人问题”，但通过海报设计，可以在一定程度上“操纵”候选人在选民心中的形象。接下来，我就给大家揭露一些竞选海报的秘密，这些可是政治家们绝对不愿公开的秘密哟。

1. 背景色

我们常常误认为自己一般不会留意海报的背景色，所以认为背景色并不重要。其实，背景色起着决定海报整体印象的重要作用。白色背景清爽、简单，可以让候选人看起来年轻、充满朝气；红色背景则能让人感受到候选人的热情。此外，黄色、淡蓝色、淡绿色也是海报常用的背景色。

黄色背景，加上候选人黑色的头发、眉毛，提高了视认性，使海报非常醒目，从很远的地方就可以看到。不仅如此，黄色还可以吸引那些好奇心强、追求新事物的选民，对于拉拢无党派选民效果显著。淡绿色作海报背景，给人清爽的感觉，但使用方法要得当。否则，会产生同化效应，让人脸看起来也很绿，这就有点恐怖了。淡蓝色可以展现男性的清爽感，作为背景，可以使用从白色到淡蓝色的渐进色。这样可以更加突显出清爽感，反衬出皮肤的光泽，从而体现健康的形象，而且不容易使人脸产生同化效应。最近竞选海报的设计也不局限于单色背景了，也有人使用户外抓拍的照片作海报。

目前国际流行一种所谓“个性颜色（Personal Color）”的理念，即以自己的肤色为基准来选择给人制造好印象的色彩搭配方案。这也是值得我们学习、借鉴的方法。

白色背景简洁、大方，使人看起来年轻有朝气。

淡绿色除了给人清爽感外，还能体现亲和的一面。

黄色的可视性高，对拉拢无党派选民很有效果。

由白色到淡蓝色的渐进色，展现清爽自然形象。

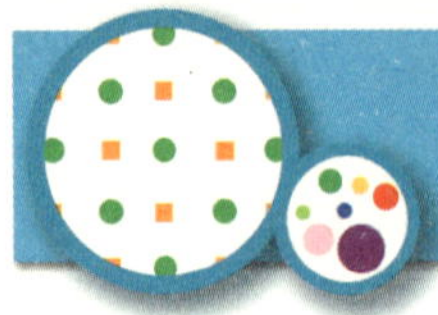

利用印象进行设计的成功案例

~ 竞选海报 2~

2. 文字的颜色与字体

海报中，文字的颜色和字体也非常重要。首先，不能选与背景色相近的颜色。其次，还要想办法突出名字，给人留下深刻印象。如果名字中有生僻字，最好标注出读音。这样不仅便于选民记住候选人的名字，还能体现出候选人亲和、为他人着想的性格特点。此外，候选人的名字容易读，会让选民联想到候选人的“政见也容易解读”。这在无形中会给候选人加分。

海报文字最好选用醒目的颜色，比如红色。再配上白色的背景，文字就相当突出了。名字和竞选口号，具有很强的信息传递效果。

再者，就是名字的字体。与“宋体”相比，“黑体”更醒目，更容易给人留下印象。注意一定要避免使用一些看起来“幼稚”、“孩子气”的字体，例如“幼圆体”。

红色诱目性高，可以突出名字。

蓝色文字显出清爽感。

名字处使用红色背景，可以提高醒目程度。

3. 服装颜色

女性候选人对颜色比较敏感，一般会选择颜色合适的服装，而男性候选人大多摸不着门道。他们认为只要穿藏青色或灰色西装，显得正式就足够了。其实不然，尤其是年轻候选者，通过服装颜色的搭配，可以大大改变给人的印象。

女性大多比男性更善于使用颜色，通过服装颜色传递信息是她们的强项。毫无名气的候选人，可以选择穿红色的外套，因为红色可以给人留下深刻的印象。粉红色过于温柔，不适合在竞选宣传时穿着。粉红色不仅能淋漓尽致地体现“女人味”，还能毫无保留地把女性脆弱的一面展现出来。橙色服装虽然使人看起来充满活力和行动力，但也不适合在竞选中穿着。黄色服装能吸引那些追新求异的选民，适合新人候选者穿着。白色服装则能体现清洁感，不过看起来冰冷冰的，所以也不推荐在竞选中穿着。

红色领带彰显热情、行动力。

黄色领带体现年轻人的朝气。

蓝色领带展现理性、冷静的气质。

对男性候选人来说，领带颜色的选择至关重要。红色领带最能彰显候选人的热情、行动力和领导力。在肯尼迪之后的历任美国总统，在公众场合都喜欢戴红色领带，以展现自己积极、有行动力的作风。亮黄色领带配藏青色西装，可以充分体现年轻人的朝气。蓝色领带则能突出诚实、冷静、理性的性格特征。

利用印象进行设计的成功案例

~ 汉字字典 ~

最后，再为您介绍一种利用印象进行设计的成功案例，那就是“汉字字典”。这里所说的“汉字字典”，并非中国人使用的“汉语字典”，也不是日本人使用的“汉和辞典”，而是外国人学习日语时使用的字典。

那么，这种字典是怎样与印象结合起来的呢？解释这个问题前，我先问您下面这个汉字，您会读吗？如果不会，中国朋友请找一本“汉语字典”，日本朋友请找一本“汉和辞典”查一下。

使用汉语字典查字时，主要有汉语拼音法和部首法两种。汉和辞典主要有笔画法和部首法两种。两种字典的部首法基本相同。这里我给大家介绍的是用汉和辞典查日本汉字的方法。既然不知道汉字的读音，就只能用部首法或笔画法。这个汉字是16画吗？我不太确定。那么，它的部首是“雨”，还是“氵”？好像也不确定。

像这样，既不清楚笔画数，又不确定部首时，就无法查到这个汉字。特别是对现在不经常使用汉字的日本人来说，更容易遇到这样的难题。

遇到这样生僻的汉字时，日本人都很难从字典中查到，那学习日语的外国人又该怎么办呢？

在外国，用字典查汉字的方法与我们完全不同。曾有朋友拿了一本澳大利亚人学习日语时使用的《日本汉字字典》，翻看过后，我大吃一惊。那是一本可以通过视觉印象查字的字典。该字典将汉字拆解为由若干形状（如△、□、○等）组成的图形，即将汉字图形化。只要能大体把握一个汉字的构造，就可以据此在字典中查到这个字。这种查询方法与汉字的笔画、部首完全没有关系。如果收录的汉字不算太多，这种字典使用起来非常方便。

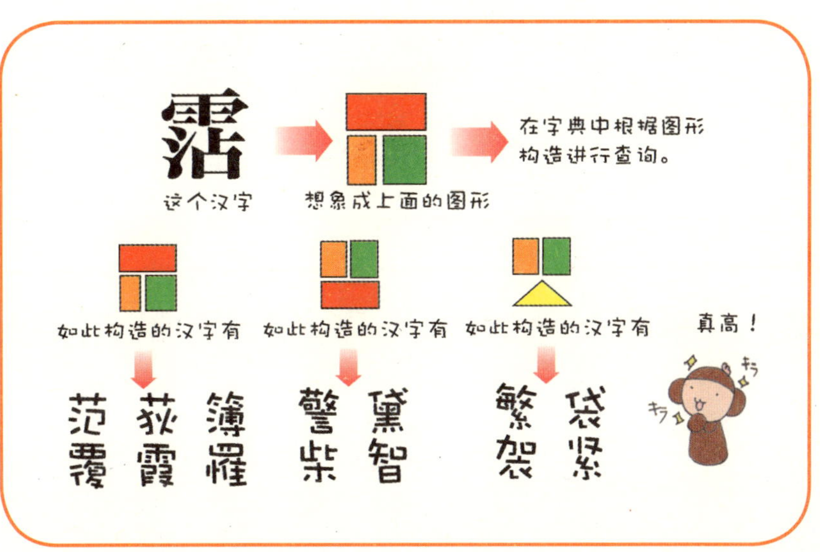

正因为非常方便实用，这种字典受到学习汉字的外国朋友们的高度评价。其实，我们作为使用汉字的人，抛开拼音、笔画、部首等传统查字方法，尝试一下“视觉联想法”，也不失为一种有趣的体验。

人无法准确地传达设计

~设计的记忆与传达 1~

下面，我们来分析一下人对设计的记忆与传达。我先说结论，那就是：人无法准确地向第三方传达设计。

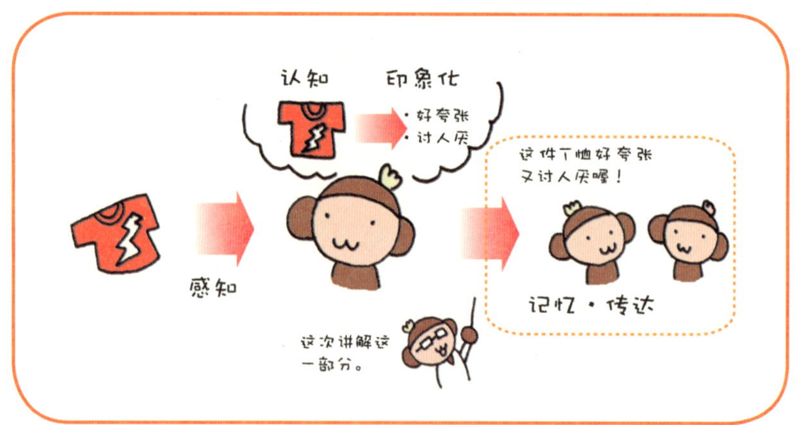

假设您在商场相中一件时髦的外套。第二天，您想向同事描述那件外套的设计，请问您有自信准确地表述出来吗？恐怕多半是否定的。因为在您的脑海中，设计已经被简单化、印象化了。您最多能描述一些设计的特征或您的印象，比如“可爱的外套”、“有红白相间的条纹”等。这些只是您脑海中对设计的印象，而非设计的准确表述。假如给您一些带颜色的铅笔，请您描绘一下昨天看到的外套。您也许可以画得很像，但肯定无法完全再现。

那么，我们到底为什么无法准确向别人传达设计呢？

那是因为，我们无法准确记忆设计。

这又是什么原因呢?

为了找出问题的答案，我们先来分析一下幼儿时期的记忆。您还记得多少小时候的事情？一般人能记起小学、幼儿园、甚至四岁左右的事情，也有少数人的记忆能追溯到三岁左右。但三岁以前的记忆哪里去了？有的朋友可能认为，三岁以前的婴幼儿还没有记忆，所以不会记住那时发生的事情。然而，科学家通过研究发现，婴幼儿的记忆力相当出色，特别是短期记忆力，并不亚于成人。虽然已有记忆力，但婴幼儿在感知、认知事物时，还不会将其对事物的想象、印象表达出来（即无法表达语言印象），因此无法形成记忆。换句话说，不会表达印象，就无法留下记忆，所以很快就忘记了。到了四岁左右，婴幼儿的认知能力迅速提升，自然就会留下印象了。

其实，成人和婴幼儿一样。因为没有正确理解设计，又不知道正确表达设计的方法，所以无法准确地记忆和传达。

人无法准确地传达设计

~设计的记忆与传达 2~

举个例子，以“粉红色的花”为例，向其他人准确传达这个词组非常容易。因为我们能够理解“粉红色的花”这一词组的含义并将其记忆，然后只要原封不动地传达给他人即可。可以说，语言是“一维”的，词组“粉红色的花”不代表之外的任何东西。我们可以以“点”来把握语言，记忆起来也很简单。

不过，如果有一幅粉红色花的图画摆在面前，那情况就不同了。要把这幅画的内容准确地传达给他人，简直困难之极。假如只用“粉红色的花”这个词组来描述画，恐怕 100 个人会产生 100 种不同的想象。首先，粉红色分很多种，而且花也有各种各样的形状。

颜色有色名，我们可以简单地用色名来传达颜色。然而，颜色并不是“一维”的。颜色由色相、明度、彩度三要素构成，因此可以说颜色是“三维”的。用一维的色名来表达三维的颜色，不过是我们偷懒的一种方法，实际上不可能 100% 准确再现颜色。如果看到某种颜色，我们能将其分解为色相、明度、彩度进行记忆，之后就可以准确再现。不过，将颜色准确地分解成色相、明度、彩度，并不是一件容易的事，也并非所有人都能做到。

如果颜色和形状组合，就多了表现形状的要素，于是变成五维、六维的，甚至超出我们人类的理解范畴（即使能够理解，也需要极其细致、复杂的说明，才能表述清楚）。

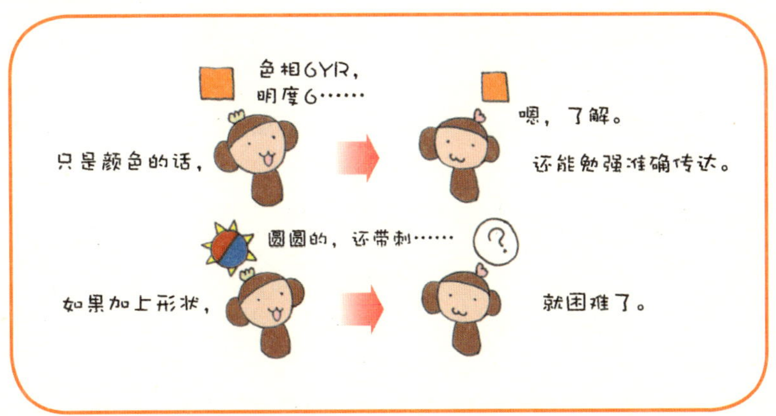

要准确记忆一件设计作品，有太多要素需要我们去理解。而要想将记忆中的设计作品准确传达给他人，又必须将所有要素准确表达出来。不论是记忆还是表达，要想做到准确都非常困难。因此，为了图方便，我们人类具有一种单纯化、印象化的系统。尤其是对于图案，这种情况更为明显。也就是说，描述语言印象时，我们会把多维空间的东西压缩成一维空间。从理论面看，这种做法相当粗略。

了解了我们人类所具有的将多维空间信息简单化的系统，也是科学地研究设计的一个方法。看到一件设计作品时，除了联想到过去的记忆外，我们是根据什么标准来评价它“可爱”、“酷”等等的呢？如果能找出这个标准，也许就能找到自己喜欢这一设计作品的真正原因。

那么，在下一章中，我们就来分析一下人类对设计作品产生印象的根据。

看到设计作品时，会自动印象化。
并且受印象左右。因此，印象很重要。
·明亮
·快乐
猿小弟意识到印象的重要性，于是作出一个重大决定。
好！我要改变造型，转换形象。
请帮我弄成这样
OK！包在我身上。
啦、啦、啦啦……
结果，失败了……

第三章

探讨印象的根据

“可爱”、“平凡”、“华丽”、“漂亮”等印象是怎样产生的呢？是因为图案的大小、形状、面积？还是颜色的数量、平均明度和最高彩度？这些印象的制造都是有规律可循的。我们找出了人们产生印象的根据，并作了最直接明了的总结。据此，读者朋友们可以有的放矢地制造自己想要的印象。

印象及其物理特性

~ 印象对应的形态 1~

在这里，我将以平面设计为例，为大家讲解什么样的设计会形成什么样的印象。说得专业一点，就是分析印象与其物理特性的关系。这里所说的“物理特性”不仅包括图案的“大小”、“形状”、“面积”等与形状相关的性质，还包括“颜色的数量”、“平均明度”、“最高彩度”等与颜色相关的性质。与此同时，我还会分析不同图案之间的干涉关系、整体平衡等问题。

简单而言，一件“可爱的”设计作品，我们是根据什么说它“可爱”的呢？是图案的形状呢？还是颜色？那个形状为什么可爱？那种颜色又有什么可爱之处？我想一探究竟。

认知设计时，人会凭直觉产生印象，接下来我就从理论的角度解释想象的真面目。

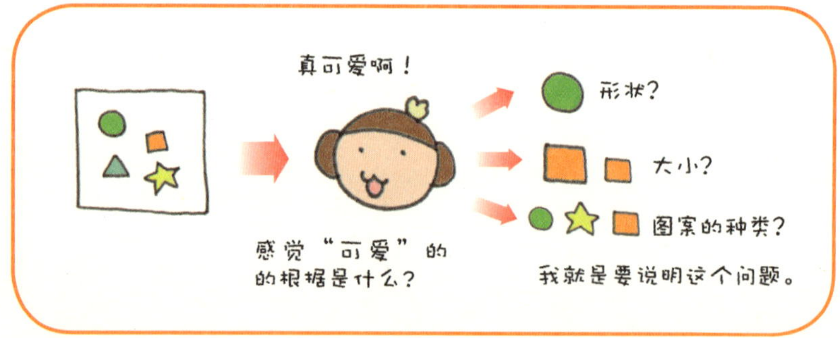

■ 调查的概要

我进行了这样一项调查：首先准备一些诸如“可爱”、“简约”等语言印象词汇，让接受调查者为每个词汇选择最适合的图案。然后，根据调查结果分析图案的物理特性与印象之间的关系。

为什么要采用这样的调查方法呢？因为如果先给受调查者看设计图案，再问他们会产生什么样的语言印象，恐怕无法得到准确的调查数据。形容设计作品的语言印象词汇数不胜数，而且每个人脑海中描绘语言印象的词汇，不论种类还是数量，都存在巨大差异。比如，有人只会用“可爱”、“华丽”、“简单”等最基本的词汇，而有人会使用“楚楚动人”、“小鸟依人”等较难的成语。此外，最近时尚中常用的“可爱”一词，已经不单是原来的“可爱”之意，而是将所有褒义的解释都集中到“可爱”一词上。因此，如果采用先给设计图案再说语言印象的调查方法，恐怕无法准确找出物理特性与语言印象之间的关联性。所谓关联性，是指一方发生变化时，另外一方也随之发生变化，二者是一种互动关系。如果关联性不明确，就无法把握物理特性中的哪些部分对形成语言印象产生了影响。

综上理由，我选择了“根据特定的语言印象词汇选择相应设计图案”的调查方法。这样一来，就可以弄清特定的语言印象所对应的图案，并确定是图案的哪些因素让人们形成了特定的语言印象。

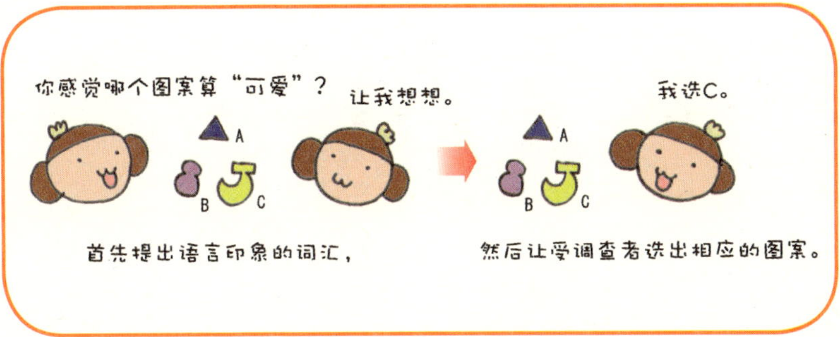

印象及其物理特性

~印象对应的形态 2~

● 预备调查 1（选定调查用的语言印象词汇）

首先，我们要筛选出调查要用的语言印象词汇。人类能用语言表达的印象实在太多了，这里我只挑选最具代表性的词汇。这些词汇主要选自书籍、杂志、网络上人们对设计进行评价时所用的词汇。在感性工学中，这些语言印象词汇被定义为“表现感性的词汇”，因此也叫做“感性词汇”。我选定的感性词汇，如下表所示。

（外观类的印象） “那件设计作品，有着○○外观。”评价外观时常用的词汇。

1. 惹人爱的	19. 振作的
2. 有活力的	20. 伶俐的
3. 鲜艳的	21. 强烈的
4. 娇艳的	22. 经典的
5. 老式的	23. 光亮的
6. 震撼的	24. 酷的
7. 民俗的	25. 豪华的
8. 优雅的	26. 艳丽的
9. 美味的	27. 执著的
10. 漂亮的	28. 个性的
11. 庄重的	29. 古典的
12. 匀称的	30. 孩子气的
13. 成熟的	31. 清爽的
14. 随性的	32. 刺激的
15. 帅气的	33. 时髦的
16. 华美的	34. 素雅的
17. 枯燥的	35. 质朴的
18. 可爱的	36. 敏锐的

37. 冲击性的
38. 高级的
39. 新鲜的
40. 简单的
41. 凉爽的
42. 有速度感的
43. 智能的
44. 清洁的
45. 清楚的
46. 性感的
47. 先进的
48. 洗练的
49. 朴素的
50. 有生气的
51. 单纯的
52. 美艳的
53. 传统的
54. 都市感的
55. 热闹的
56. 华丽的
57. 娇柔的
58. 平凡的
59. 摩登的
60. 温柔的
61. 野性的
62. 优美的
63. 浪漫的
64. 狂野的
65. 年轻的
66. 和风的（日式的）

（感情类的印象）

"那件设计作品，给人〇〇感觉。"
形容内心情绪的印象时常用的词汇。

1. 安全的
2. 纯粹的
3. 喜悦的
4. 深奥的
5. 开放的
6. 有活力的
7. 舒畅的
8. 高尚的
9. 健康的
10. 有行动力的
11. 惬意的
12. 滑稽的
13. 幸福的
14. 自然的
15. 可亲的
16. 青春的
17. 纤细的
18. 高兴的
19. 容易亲近的
20. 怀念的
21. 快乐的
22. 微妙的
23. 不可思议的
24. 娇嫩的
25. 理智的

啊！
还真不少呢。

※ 这里将设计的语言印象词汇分成"外观类"和"感情类"两种；

※ 某些语言印象词汇既可用于"外观类"，也可用于"感情类"，视其在哪一方面更常用，就将其划归到哪一类。例如，"优雅的"，既可以形容设计作品的外观，也可以形容人内心情绪的印象，但作感情方面的描述更多一些，因此划归到"感情类"。

印象及其物理特性

~ 印象对应的形态 3~

● 预备调查 1（选定调查用的语言印象词汇）

语言印象词汇数量众多，我们暂且将感情类的排除在外。感情类的语言印象词汇直接表达人的内心动向，特别容易和过去的记忆联系起来，所以每个人的评价标准会存在较大差异，即主观性太强。

此外，语言印象词汇中有很多近义词，如“26. 艳丽的”和“56. 华丽的”，感觉大同小异。还有一些反义词，如“56. 华丽的”和“35. 质朴的”。

先来调查一下这些近义词的用法是否也相似。我们做了一份问卷调查，请受调查者看一件设计作品，然后选出自己认为适合的语言印象词汇，最后对其进行“主成分分析”。所谓“主成分分析”，就是尽量使用最少的变量来掌握最多信息的一种方法，简单而言，就是将信息简单化。

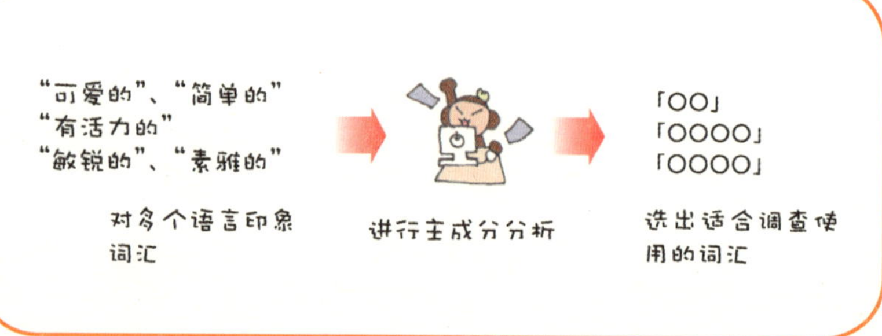

主成分分析的结果和我预期的一样，很多近义词在人们心中几乎没什么差别，用法也很相似。

例如，“58.平凡的”与“40.简单的”，意思上就很相近（在日语中，两个词是近义词）。再比如，“26.艳丽的”、“59.摩登的”和“56.华丽的”，三者的用法也很接近。特别是外来语，由于含义比较暧昧，不太适合用来描述设计图案。

于是，我根据以下“三个标准”，选定了调查用的词汇。

1.最常用来评价设计作品的词汇；

2.由于外来语含义广泛，将其排除；

3.将若干含义相近的词汇用一个最普通的词汇代替。

最后，我选出四个词汇，分别为“可爱的”、“平凡的”、“华丽的”和“漂亮的”。接下来，我就用这四个词汇，来揭示人们对平面设计进行评价的根据。

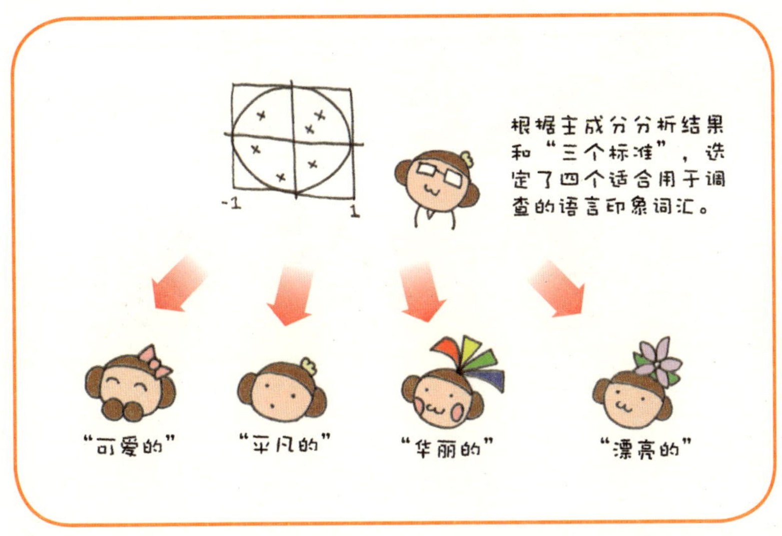

印象及其物理特性

~印象对应的形态 4~

●正式调查 1、2（平面设计画与物理特性的关系）

◎调查问卷内容

在正式调查中，首先给受调查者展示多幅平面设计画，然后请他们分别选出自己心目中认为“可爱的”、“平凡的”、“华丽的”、“漂亮的”画。

在正式调查 1 中，我准备了 24 幅如下所示的黑白图案设计画，每一个语言印象词汇最多可以选 5 幅画。在正式调查 2 中，我准备了 30 幅如下一页所示的彩色图案设计画，受调查者没有选项数量限制，可以凭感觉自由选择。前者主要是针对形状的调查，后者则是针对形状和颜色的调查。受调查者不重复参加两个调查。

正式调查 1/供选择的平面设计画实例

※在正式调查 1 中，共准备了 24 幅这样的设计画。

正式调查2/供选择的平面设计画实例

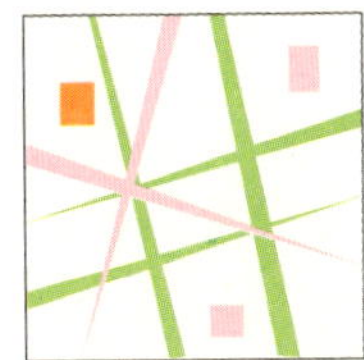

※在正式调查2中，共准备了30幅这样的设计画。

发呆～

最漂亮的绝对是那个！

这个最可爱。

选哪个好呢？

印象及其物理特性

~ 印象对应的形态 5~

● 正式调查 1、2（平面设计画与物理特性的关系）

这些设计画，乍看上去似乎是随意挑选出来的。实际上，每幅画都是经过精心设计的。对每幅图，我们不仅计算出了 31 项物理特性以及画中图案之间的关系，还让画中的物理特性具有一定的倾向。通过将所有的信息数值化，来调查印象与物理特性之间的关系。

例如，“图案之间的最小间隔”，是指一幅画中相邻两个图案之间的最短距离。此外，还有图案之间的“接点个数”、“接点面积”等。涉及到颜色时，还有图案的“颜色数量”、“颜色的彩度差”、“最低明度”等数值。

物理特性的例子

像这样的调查项目，我们事先准备了31项。

呃……
请不要说我们太闲啊！

- 图案数量 ～ 设计画中图案的数量。
- 最小间隔 ～ 相邻两个图案之间的最短距离。
- 接点面积 ～ 图案之间接触部分的面积。
- 长/短最小值 ～ 算出每一个图案中最大长度除以最小长度的值，再取全部的最小值。
- 最大像素 ～ 多边形图案的最大像素。
- 面积百分比 ～ 图案面积占画面整体面积的比例（百分比）。
- 颜色数量 ～ 图案的颜色数量。
- 明度差 ～ 图案最大明度与最小明度之间的差。
- 最高彩度 ～ 图案的彩度中，最高的那个值。

图案的物理特性（部分介绍）

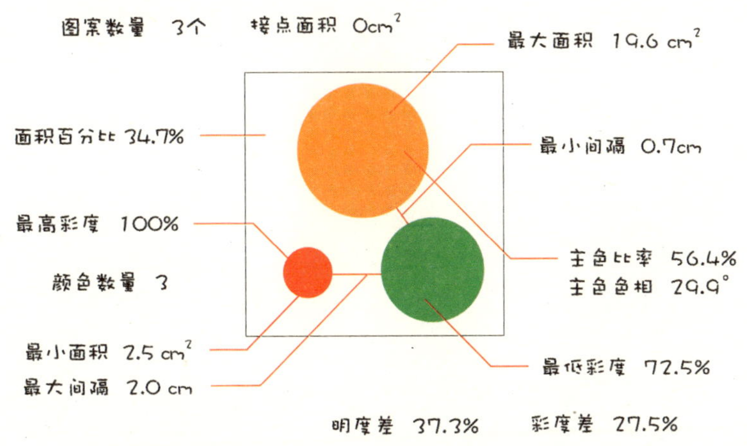

※面积、间隔的数值、单位是以图框边长为10cm换算而成的；
※色相、彩度、明度是按照HSV色彩模型进行标记的。

通过上述数值化，
我们就可以了解人的语言印象是受什么因素左右了。

印象及其物理特性

~印象对应的形态 6~

● 正式调查 1、2（平面设计画与物理特性的关系）

◎问卷调查的实施

参加本次调查的人共计 185 名（其中男性 105 人，女性 80 人）。受调查者的年龄从十几岁至六十多岁不等。职业并没有局限于与设计相关的工作，而是从社会各界广泛寻找调查对象，其中既有学生、家庭主妇，也有个体户、上班族。受调查者填写好调查问卷后，我们对收集到的数据进行了详细分析。

◎多重回归分析

对于问卷调查的数据，我们采用多重回归分析法进行分析。所谓“多重回归分析法”是多变量分析的一种，通过选择多个适当的变量，得出一个容易计算且误差少的预测公式。简单而言，就是用各种物理特性对语言印象进行更加简要的说明。

例如，知道一家连锁商店的 10 个店铺的销售额、卖场面积、店员人数等数据时，就可以通过多重回归分析法揭示卖场面积、店员人数与销售额之间的关系。不仅如此，通过多重回归分析法还能知道要想提高营业额，应该调整的是卖场面积还是店员人数。目前，多重回归分析法已广泛应用于各个领域的预测与分析。

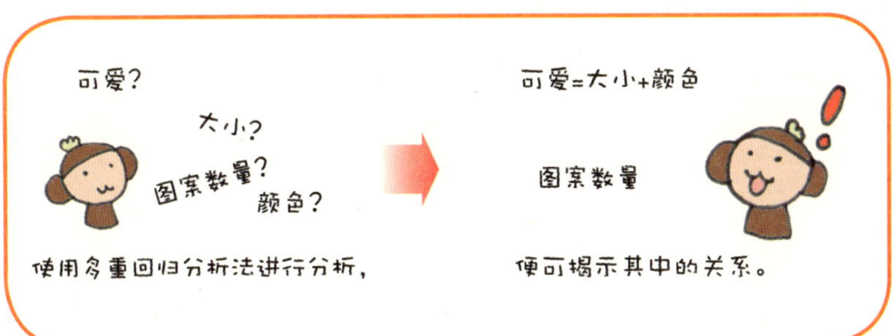

下面的表格是本次调查的多重回归分析结果、标准回归系数与相关系数，我们挑选其中一部分作为参考。

标准回归系数与相关系数一览表（节选）

	可爱的	平凡的	华丽的	漂亮的
最小间隔		0.87	—0.70	
长/短最大值	—0.53			—0.31
相关系数	0.73	0.86	0.94	0.82

所谓“相关系数”表示的是两个概率变量之间的相关性（相似的程度），数值在 -1 到 1 之间。1 表示相关性最大，“说明变数”可以说明“目标变数”的一切特征。表格中的相关系数 0.94，表示“平凡的”这个语言印象基本可以用该物理特性进行说明，有明显的相关性。关于详细的分析数据，我们就不具体解释了，还是赶快来看整理出来的分析结果吧。

印象及其物理特性

~ 什么是“可爱的”设计？ ~

我们先来分析“可爱的”这一语言印象词汇。

形容服装、图案、人物性格时，常用到“可爱”这个词。这里，顺便介绍一下“可爱”一词的日语语源。在古日语中，“可爱”是一个非常负面的词，指“非常可怜”，而且是可怜到“都没有人愿意看一眼”的地步。时过境迁，“可爱”一词的含义发生了180度大逆转，不仅有“同情别人不幸”的意思，还延伸出了“怜爱”、“爱惜”的含义，现在则单纯指“可爱”。像这样词义发生逆转的现象，在日语中屡见不鲜。

现在，“可爱”一词已成为各个领域所不可或缺的形容词了。特别是在一些时尚杂志，如《TEEN》，您在任何一期封面上都能找到“可爱”这个词。像“可爱”这样主观性强、个体差异明显、使用范围广的语言印象词汇，恐怕再难找到了。

不过，所谓“可爱的”设计，到底是指什么样的设计呢？在一般人的印象中，也许是形状小小的、粉红色的东西吧。再者，比原色淡的颜色也能让人从直觉上感到可爱。

在本次调查中，通过分析“可爱的”设计，我们发现了一些有趣的特征。当然，由于存在个人差异，也许有人并不赞同我们的意见，但我相信大多数人应该能产生共鸣。

1. 必须是规则图形

判断“可爱的”设计，一个基本标准就是“规则图形”。如果是不规则的五边形或四边形，即使尺寸比较小、颜色比较淡，也不容易让人产生“可爱”的印象。规则图形的终极例子就是圆形，而圆形确实能让人感觉到“可爱”。此外，整体的规则性也能带来“可爱感”。将圆形和正方形摆在一起，只要等距离排列，整体会呈现出一种规则感，同样能让人感到“可爱”。

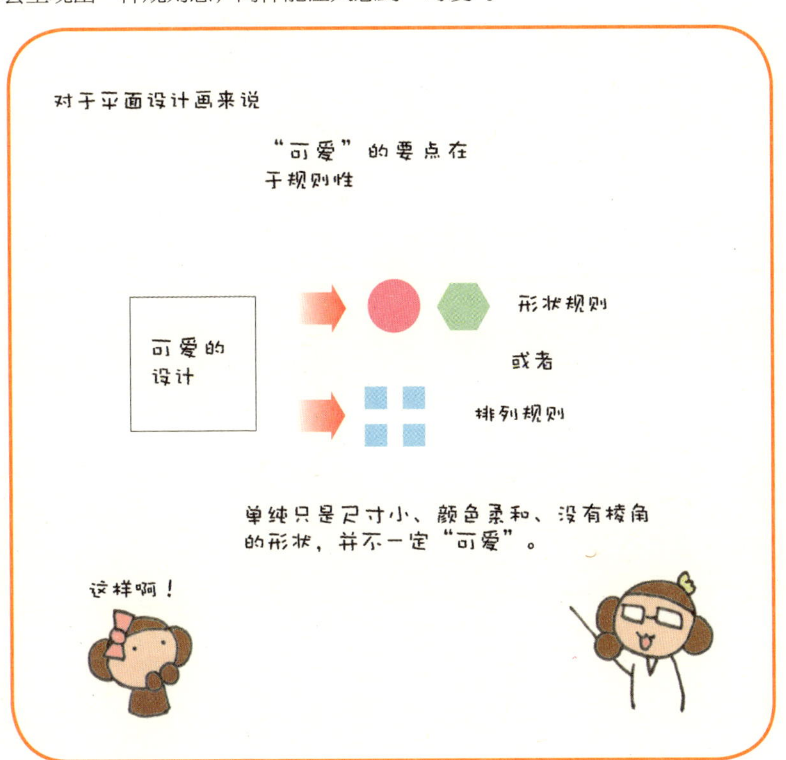

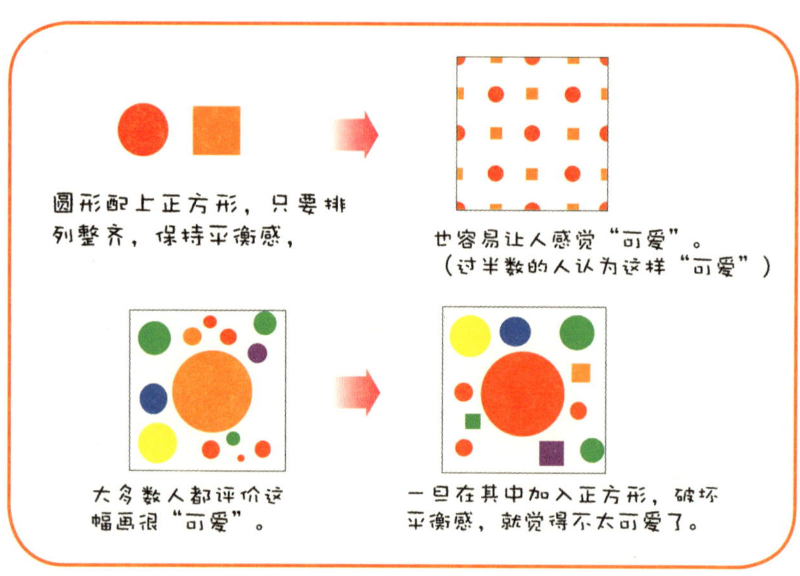

2. 图案之间不可重叠

一幅画中的图案互不重叠，也是使其感觉“可爱”的重要因素。如果图案之间发生重叠，那么重叠的面积越小，相对越“可爱”。排列一些图案时，如果想尽量让它显得“可爱”，重点之一就是不要让图案发生重叠。

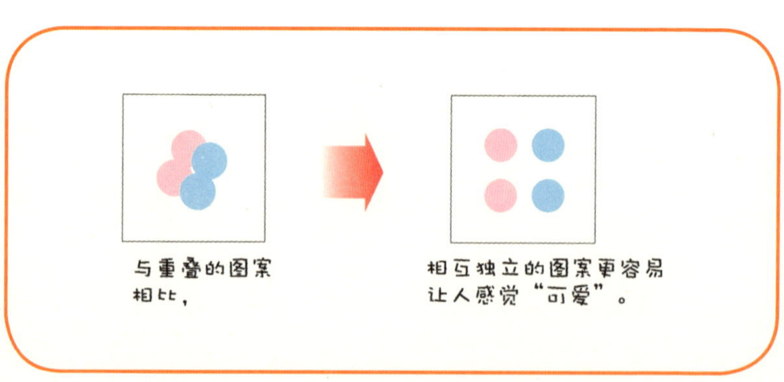

以雪人的图案为例
这样排列就显得“可爱”，
嗯嗯。
这样也“可爱”，
果然如此。
但这样就“不可爱”了。

3. 图案的大小并没有太大影响

大多数人都有这样一个固有观念：小东西 = “可爱”。

然而，通过调查发现，在平面设计画中，图案大小并不是给人留下“可爱”印象的主要原因。在人们的意识中，确实存在小图案比大图案更“可爱”的认知倾向。但是，与图案的大小相比，颜色和形状才是人们评价设计画“可爱”与否时优先参考的因素。如果颜色合理、形状适当且排列整齐，即使图案稍大，也能制造出“可爱”感。反之，即使图案再小，如果颜色、形状和排列不合适，也可能“不可爱”。

请在以下五幅画中，选出您认为最“可爱”的一幅。

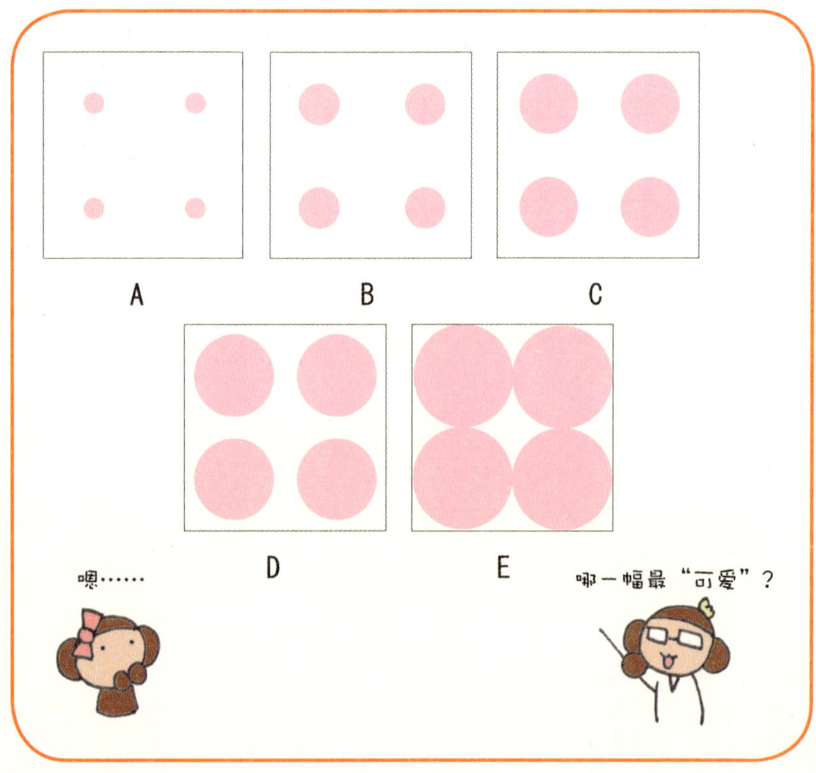

以下是实际调查的结果。

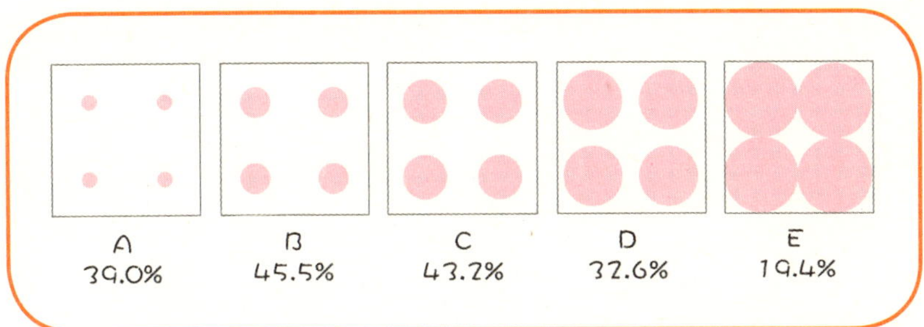

值得注意的是，图案尺寸最小的并不是人们心目中最“可爱”的。此外，除去“E”选项，其他四个选项获得的评价并没有太大差异。这说明“可爱”与否和图案大小的关系并不是特别明显。再看看选项“E”，与其说是因为图案太大而不“可爱”，倒不如说是因为图案发生了重叠才显得不“可爱”。

“可爱度”评价最高的是选项“B”，但把其中图案颜色的明度和彩度都降低一点后，只有 9.7% 的人认为它可爱。

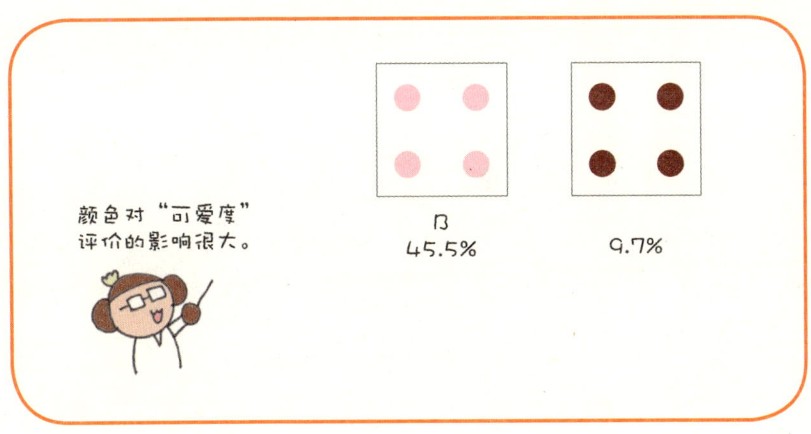

4. 与特定颜色相比，颜色组合的效果更好。

如果要求用颜色表现“可爱”，可能大多数朋友都会想到粉红色。实际上，并不单是粉红色等特定颜色就能制造出“可爱感”。没错，粉红色确实让人感觉可爱，但更重要的是整体颜色的搭配和色调的统一。能够表现“可爱”的色调主要有两种，淡色调和鲜艳的色调。淡色调的使用范围较广，无论组合了几种颜色或何种颜色，大多都可以表现出“可爱”的感觉。不过，要想用鲜艳的色调表现出“可爱”，对颜色的种类和数量都有一定的限制。如果搭配不当，也没法“可爱”。

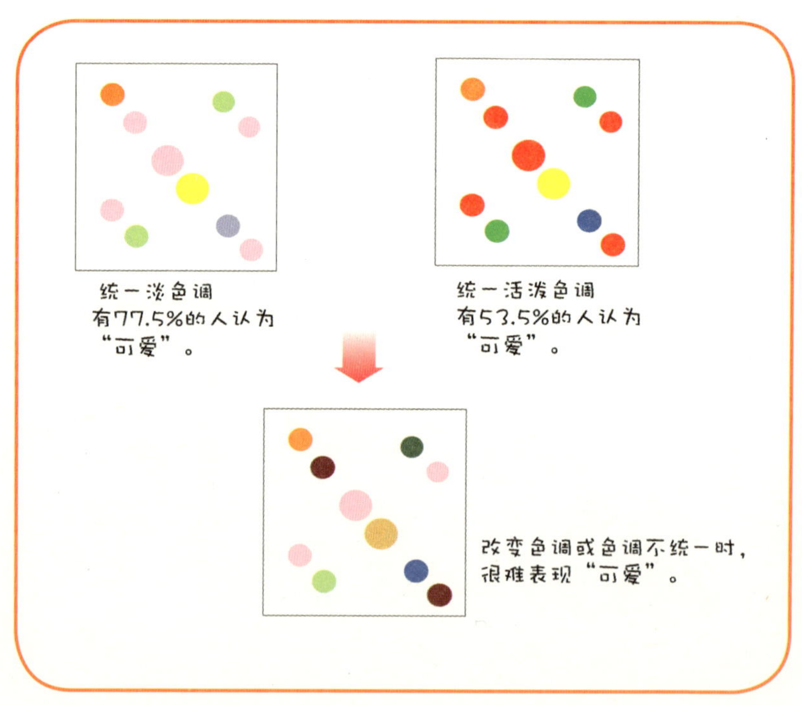

【应用篇／“可爱”的派生词】

“可爱”这个词主要是年轻人在使用，而且还派生出许多新的用法，如“轻熟可爱”、“丑可爱”等。

“轻熟可爱”是当今时装界常用的一个词，用来形容女性既有成熟的性感气质，又不失伶俐可爱的感觉。“成熟”和“可爱”本来是相对的两种感觉，要将两者结合起来，确实需要花一番心思。从颜色上说，“轻熟可爱”能让我们联想到粉红色与黑色的搭配。然而，单纯地将粉红色和黑色搭配起来，不一定能表现出“轻熟可爱”的效果。必须以粉红色为基调、用黑色作点缀，整体上才能达到“成熟”与“可爱”的平衡。

“可爱”的另一个派生词“丑可爱”，又是两个意思相反的词组合到了一起。它主要用来形容虽然容貌丑、但娇小可爱的人或动物。八哥犬就是“丑可爱”这个词的“代言人”。不过，使用“丑可爱”一词时的主观性非常强。每个人对它的理解和评价尺度都是不同的，甚至存在巨大差异。如果从设计的角度分析“丑可爱”，其实它就是一种“不均衡”的表现，而且它可以让我们在不均衡中找到某种均衡的感觉。在日本，有一种“崇尚不均衡的均衡”的倾向。以人脸为例，即使各个器官都不太完美，但只要放在一起有一种均衡感，我们就会感觉那是一张“可爱的”脸。

实际上，由“可爱”派生出的这些词汇，都是正面的、积极的，表示广义的“好”。

印象及其物理特性

~ 什么是“平凡的”设计？ ~

“平凡”，即没什么特别的、单纯的、简单的、一般的。因为有“没什么特别的”之意，在设计中“平凡”一词很少作为褒义词使用。与“平凡”词义相近的有“简单”。最近，“简单”成为产品设计的一个潮流，即去掉多余的功能或造型，将主要功能简单地呈现出来。“简单”一词表达的是一种积极的含义。对于设计师来说，“简单”和“平凡”存在很大差别，一个积极，一个消极。然而，在使用者一方看来，“简单”和“平凡”并没有什么区别。接下来，我们就来分析一下“平凡的”这个语言印象词汇和“平凡的”设计。

1. 图案排列有规律且有延续性

对一幅设计画来说，图案有规律是使其“平凡”的一个重要因素。将同一种图案按照一定规律进行排列，最容易表现出“平凡感”。即使将画遮住一部分，根据规律我们也能想象出被遮挡部分的样子。很多产品设计得很有规律，在大众看来它们就很“平凡”、“简单”。如果是正方形或圆形等同一种形状的规则排列，则更能体现出“平凡感”。

如果画中的图案被边框遮挡，看起来像按照规律延续下去的样子，这时“平凡感”更加突出。

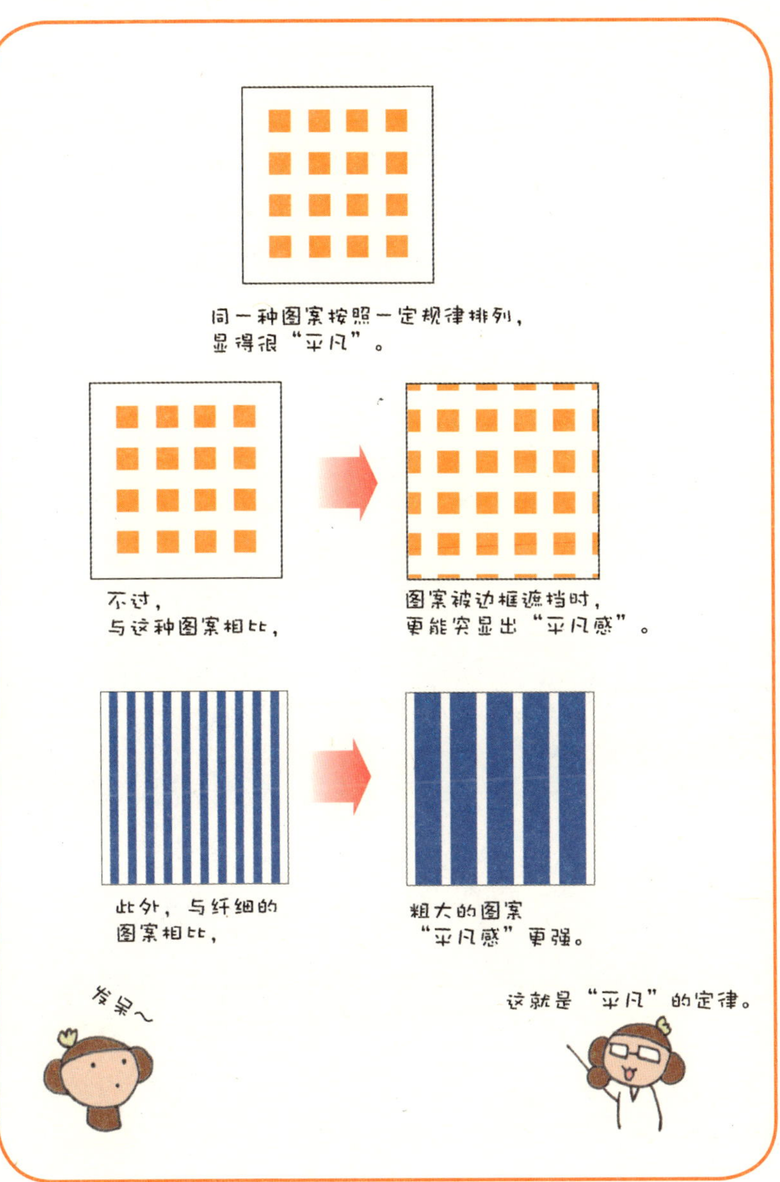
同一种图案按照一定规律排列，
显得很“平凡”。
不过，
与这种图案相比，
图案被边框遮挡时，
更能突显出“平凡感”。
此外，与纤细的
图案相比，
粗大的图案
“平凡感”更强。
发呆～
这就是“平凡”的定律。

2. 图案之间保持适当的间隔

要使设计“平凡”，除了要将图案按规律排列外，图案之间还要保持一定的间隔。不过，并非间隔越大越“平凡”，这个间隔需要适度。以正方形和圆形图案为例，当间隔为图案大小的1~1.5倍时，最能体现“平凡感”（当然，图案面积大小的改变，也会使人的感觉发生变化）。当间隔为图案大小的一半或者2倍以上时，整幅画的“平凡感”则有减弱的趋势。

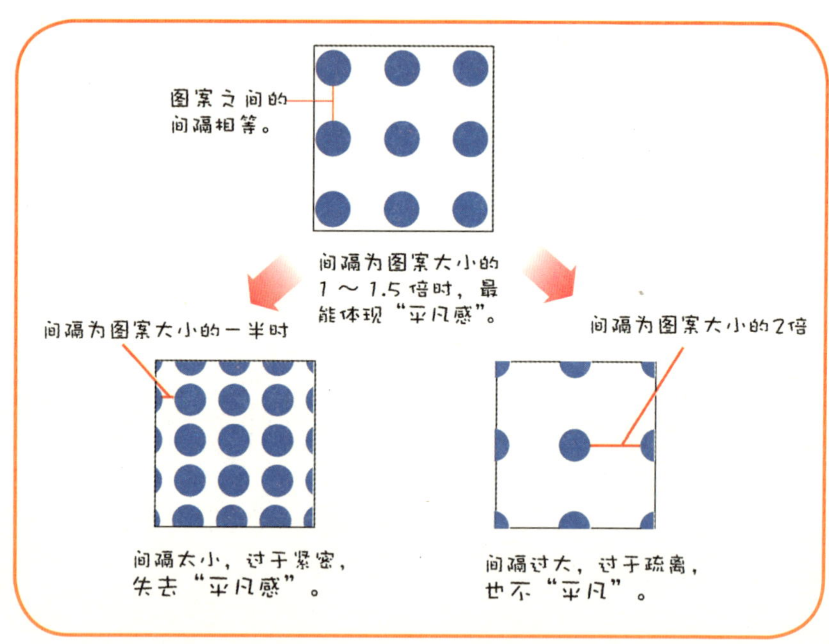

3. 冷色系比暖色系更显“平凡”

与红色、橙色、黄色等暖色相比，蓝色、紫色等冷色系颜色，更容易制造出“平凡感”。暖色系颜色都比较鲜艳，会使画中图案有跃然眼前的效果，而且暖色还有激发动力的作用。因此，暖色系颜色的图案看起来不会太“平凡”。

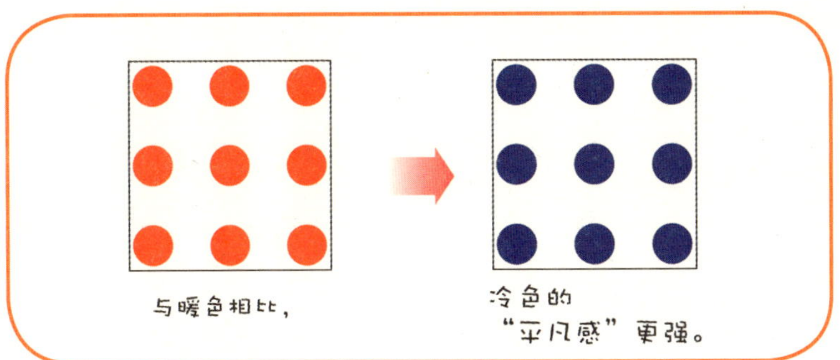

4. 形状的影响比颜色大

在相同条件下，与颜色要比，形状更能影响设计作品的“平凡感”。假设一幅设计画由同一图案规则排列而成，稍稍改变其中部分图案的颜色，结果仍会被评价为“平凡的”设计。然而，如果改变部分图案的形状，看起来就“不平凡”了。也就是说，评价一幅平面设计画是否“平凡”时，形状比颜色的影响大。不过，也有例外存在。对色型人来说，他们更容易根据颜色进行判断。因此，如果您想为色型人设计“不平凡”的作品，最好将形状与颜色的变化搭配使用。

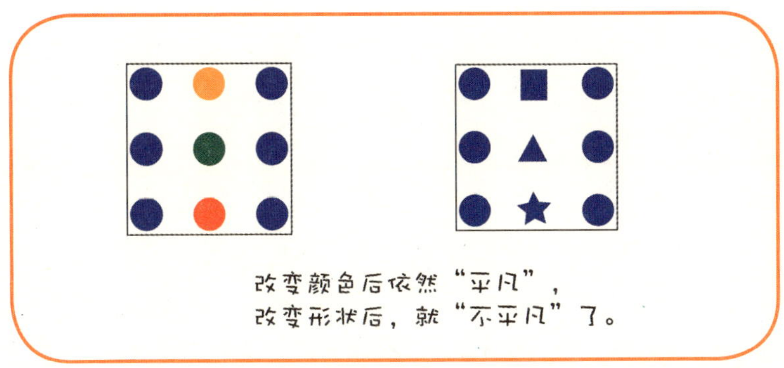

印象及其物理特性

~ 什么是“华丽的”设计？ ~

“华丽”这个词用来形容姿态、形状、颜色等炫丽夺目。行动很夸张也可以用“华丽”来形容。日语中的“华丽”一词源自三弦用语“破手”（三弦是源自中国的一种弹拨乐器）。

日本三弦的古典组歌称为“本手”，新编曲目则称为“破手”。“破手”一般节奏明快、曲风华美，打破了传统三弦演奏的常规。于是，“破手”一词便用来形容华美、热闹、吸引人眼球的事物。后来，“破手”一词经过演变，以“派手”的书写形成固定下来。“派手”在汉语中对应的就是“华丽”一词，其反义词为“朴素”。“华丽”这个词多用于时装界。艳丽、夸张的设计作品多用“华丽”来形容。

下面，我们就来分析一下到底什么是“华丽的”设计。

1. 图案间隔小、总面积大

要使平面设计画显得“华丽”，图案间隔小是必不可少的。图案间隔过大，会显得稀疏，全无华丽之感。此外，图案之间有重叠交叉，也没关系。有重叠、间隔小，显得紧凑，才能制造出“华丽”感。

再者，图案的总面积也很重要。图案大、数量多，才显得“华丽”。单纯只是增加图案数量，会显得“热闹”，而且所有图案的总面积越大，“华丽”的效果越强。白色背景上图案的面积越大，看上去越华丽。

果然如此！

图案之间的距离越小，
越显“华丽”。

右边这幅更“华丽”。

图案的总面积也很重要。

增加图案面积，

或增加图案数量，以
此扩大图案总面积，
会显得很“华丽”。

2. 不均衡的图案和不规则的形状

不均衡的图案更容易制造出“华丽感”。这里所说的“不均衡”，不仅包括图案排列的不均衡性，还包括图案形状的不规则性。与圆形、正方形等规则形状相比，不规则的多边形等更具“华丽”效果。大图案搭配小图案，即图案之间存在面积差，也可以制造出“华丽”效果。

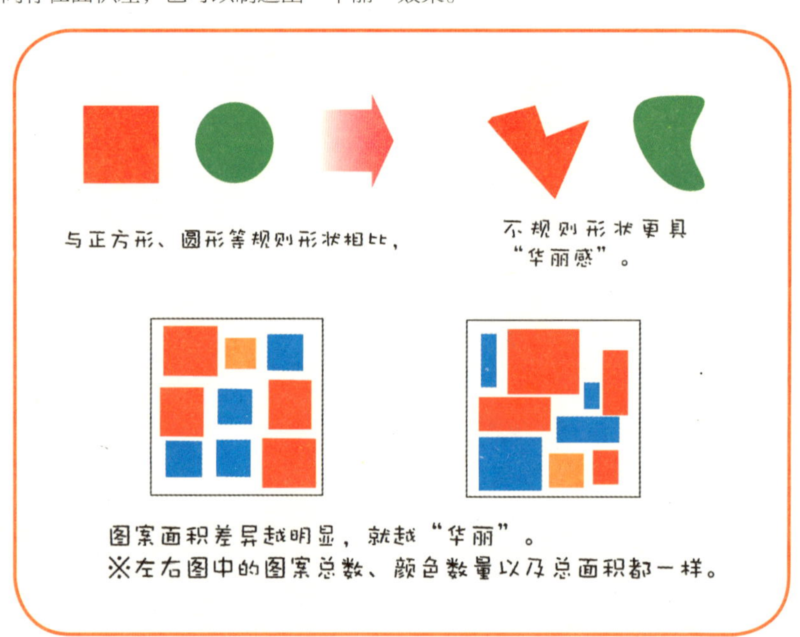

3. 颜色要选暖色系，颜色种类要丰富（即色相差大）

要制造出“华丽感”，颜色是非常重要的因素，要点就在于选择暖色系颜色。尤其是使用红色时，效果非常明显。因为暖色系都是前进色，可以使图案显得比较大。其次，颜色的数量要足够多，即种类要丰富。即使使用暖色系颜色，如果色相差不够大（比如只使用红色、橙色、黄色等，它们之间的色相差不大），也不够“华丽”。比较有效的方法就是适当加入一些冷色系颜色，尽量使颜色种类丰富，即尽量增大色相差。

再者，最好选用高彩度的鲜艳色调。与彩度的反差相比，即使是同一色调，只要色相反差大，就会显得“华丽”。总之，人们对“华丽”的认知，更容易受颜色而非图案大小的影响。

使用暖色系颜色，容易制造出“华丽感”。

左右两图中的图案完全相同，不过左图中的颜色种类稍多（色相差稍大）。因此，左图显得更“华丽”。

我要变得更华丽！

印象及其物理特性

~什么是“漂亮的”设计?

“漂亮”一词可用来形容服装、化妆等好看、惹人喜爱，也是时装界常用的词汇。日语中，“漂亮”对应的汉字为“洒落”，其语源来自“戏”，而在古日本语中“戏”有“风流”、“有趣”的含义。

接下来，我们一起分析一下“漂亮的”设计具有哪些特点。

1. 在规则的图案中，适当加入点缀

与“可爱的”设计一样，“漂亮的”设计也要求使用规则图形或图案整体有规则性，只是不必像前者那么苛刻。“漂亮的设计”不一定非要使用圆形、正方形那样规则的形状，长方形等不太规则的形状，只要排列整齐，也会显得“漂亮”。

此外，在规则、整齐的图案中适当加入点缀，稍稍打破一下整齐感，会让整体显得“漂亮”。例如，在正方形的整齐排列中，适当调整颜色搭配或加入一个圆形，都会显得更“漂亮”。不过，切忌对配色和图形进行大幅改动。对于这个尺度，一定要理解透、拿捏准。

再者，图案间隔小的比间隔大的看上去更“漂亮”。

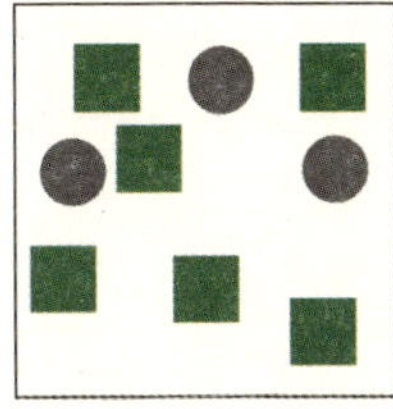

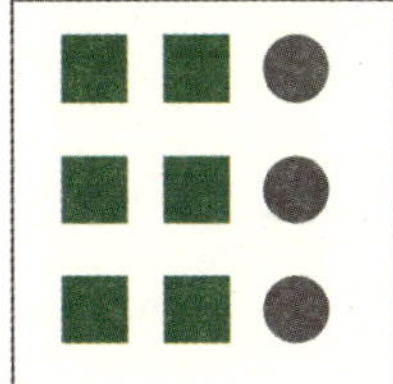

整齐的排列比凌乱的排列“漂亮”。

在整齐的排列中，稍稍作些变化，会显得更“漂亮”。

图案间隔小的比间隔大的更“漂亮”。

我漂亮吗?

以上理论只限于平面设计哟!

2. 使用颜色时，注意反差

要制造出“漂亮感”，使用两种颜色比单色的效果好。色调最好不要太过鲜艳，灰色调、暗色调等彩度较低的好一些。选用的两种颜色必须有色相差，接近于补色关系（相反色）或存在明度差更好。此外，根据图案和色调不同，单色或三种以上颜色也能制造出“漂亮”感。

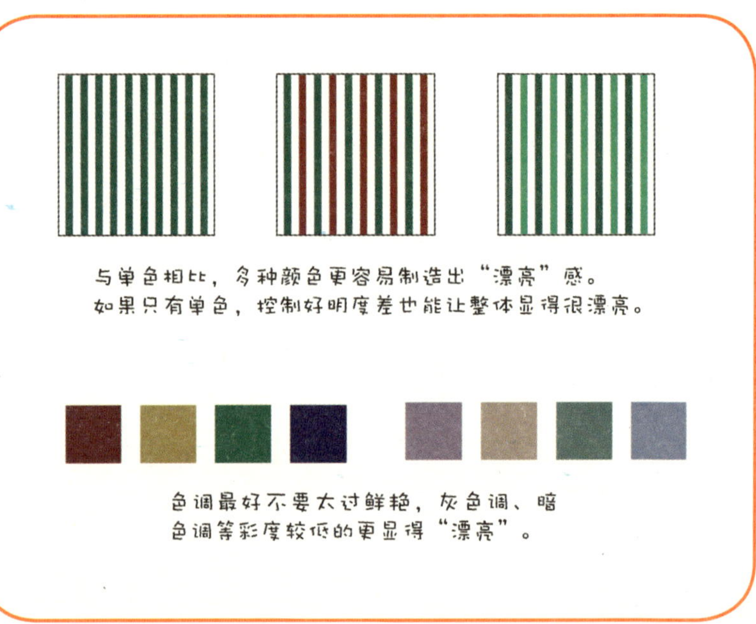

3. “漂亮”是男女差异最大的语言印象词汇

“漂亮”是本次调查的四个语言印象词汇中，男女差异最大的一个。对男性来说，选用暗色调才显得“漂亮”，而女性可以选用亮色调来制造“漂亮感”。以“藏青色”为例，藏青色是一种较暗的蓝色，女性如能适当搭配，会显得“漂亮”，而男性穿藏青色衣服不会觉得“漂亮”。

藏青色是男士在正式场合首选的服装颜色，因此，穿藏青色会让男士看起来很严肃，完全没有漂亮的感觉。

印象及其物理特性

~ 总结 ~

在前面几个小节中，我们以平面设计画为例，根据问卷调查结果对“可爱的”、“平凡的”、“华丽的”、“漂亮的”四个语言印象词汇进行了分析，找出了语言印象词汇与设计之间的相关性。当然，所讲的只是一部分。而且，本次调查选取的四个词汇关联性比较高，分析起来相对简单。因此，我们的调查结果只能作为一个判断标准或者在做设计时当作一个参考，而不能用它来解决所有问题。

下面，就对本次调查的分析结果进行整理、总结。

◎ 所谓“可爱的”设计

· 形状规则、排列整齐；

· 图案之间最好不发生重叠；

· 与图案大小的关系不大；

· 与特定颜色相比，颜色组合的效果更好。

◎ 所谓“平凡的”设计

· 图案的排列有规律且有连续性；

· 图案之间保持适当间隔；

· 冷色系比暖色系更有效果；

· 形状的影响比颜色大。

◎ 所谓“华丽的”设计

· 图案之间间隔小，图案总面积大；

· 图案的形状、排列不均衡；

· 颜色以暖色系为主，颜色种类要丰富。

◎ 所谓“漂亮的”设计

· 规则的形状和整齐的排列中适当加入点缀；

· 注意颜色的反差；

· 男女所理解的“漂亮”存在较大差异。

下面的图表显示的是各个语言印象词汇受形状和颜色影响的程度。“华丽的”受颜色、形状两者的影响都比较大。而“漂亮的”不太受特定颜色和形状的影响，均衡反倒更为重要。当然，色型人和形型人在评价语言印象词汇时，所受的影响也各不相同，因此下表仅供参考。

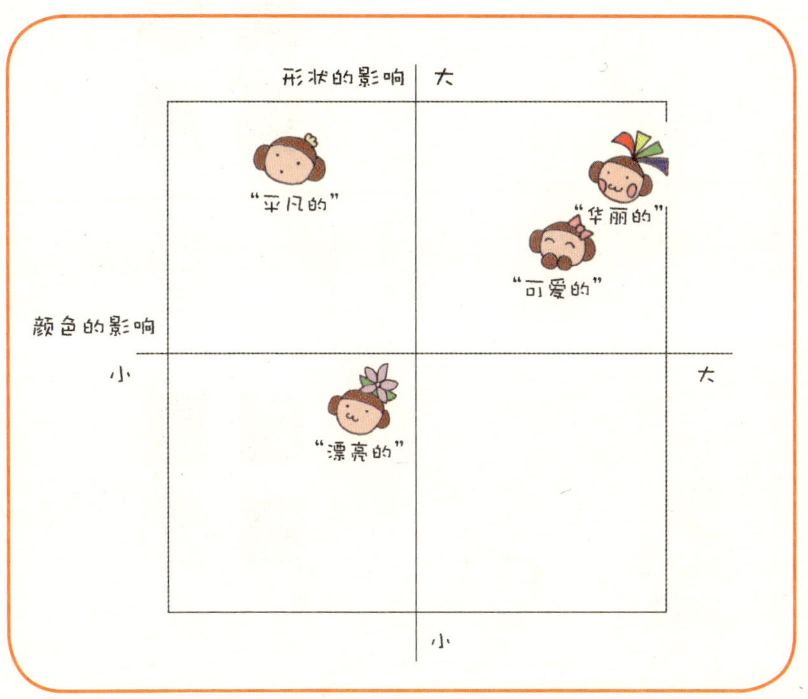

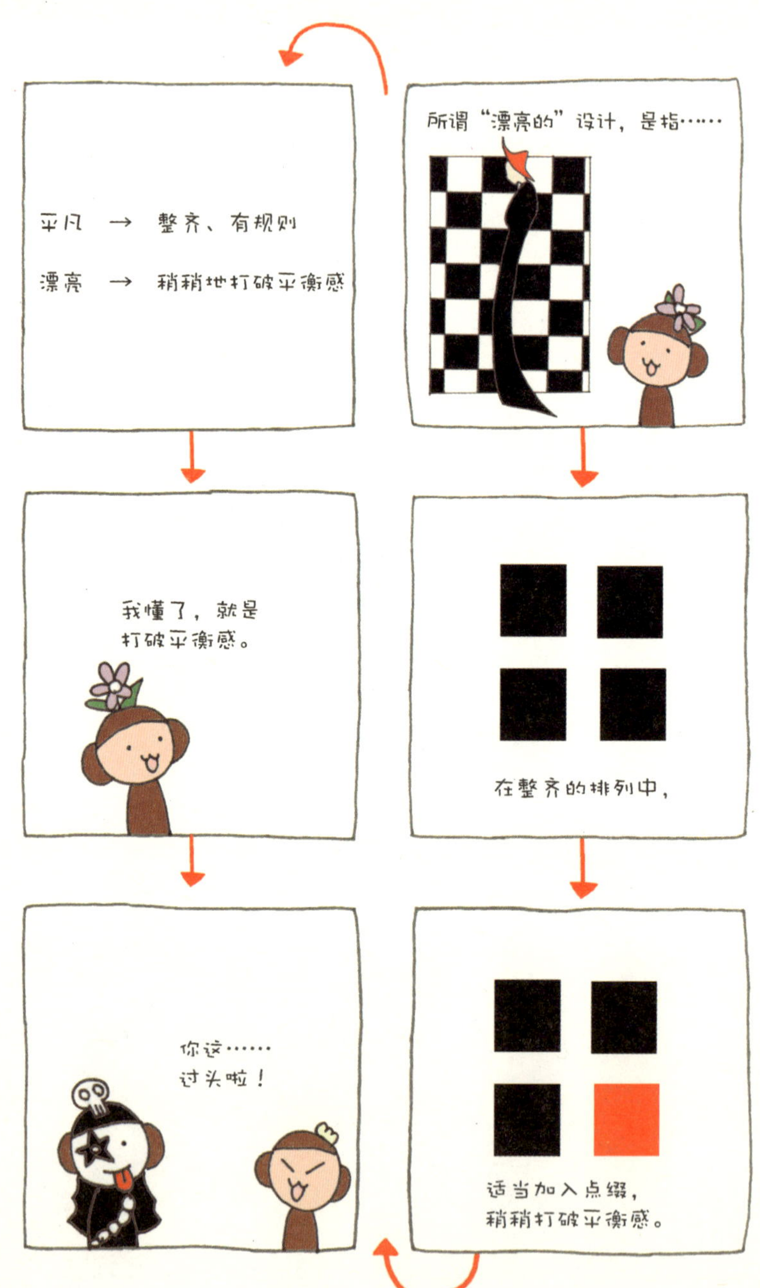
所谓“漂亮的”设计，是指……
在整齐的排列中，
适当加入点缀，
稍稍打破平衡感。
平凡 → 整齐、有规则
漂亮 → 稍稍地打破平衡感
我懂了，就是
打破平衡感。
你这……
过头啦！

第四章

人为什么会被某种颜色或形状吸引?

~ 设计中隐藏的法则 ~

本章根据各种研究结果和调查，来解说“人的喜好与设计或创意之间的关系”，并进一步探讨人为何会被某种颜色、形状或特定设计或创意所吸引。

女性对红色系颜色敏感的特点、男女性格色彩揭秘、颜色搭配的 70-25-5 法则、黄金比例的美感、人脸是大脑最喜欢的“终极设计”、娃娃脸效应……全都是超级实用有趣的内容。

为什么有些设计受到大众的喜爱?

~ 人的喜好与设计之间的关系 ~

在第一章中，我们探讨了视觉原理和认知特性；第二章则分析认知与印象的关系；在第三章中，我为大家解释了什么样的设计会带来什么样的印象。而在本章中，我将用科学的方法来分析设计，探讨人们被设计作品吸引的原因以及设计中隐藏的法则。

前面已经介绍过，印象与个人的经历、知识密不可分，因此存在较大的个人差异。同一事物在每个人的脑海中会形成不同的想象、留下不同的印象。尽管如此，人们对“可爱的”、“平凡的”等语言印象词汇却有较为一致的认识。举例来说,对于具有“可爱”物理特性的设计作品,大多数人都认为是“可爱的”。通过前一章的调查，我们对印象与设计之间的关系已经有所了解。那么，人的喜好与设计之间又存在什么样的关系呢?

对商品制造企业来说，如果能掌握全世界人们的共同爱好，那将创造多大一笔财富啊！根据这种共同爱好设计的商品，肯定可以畅销全球。

我也想用问卷调查的方式来分析人的喜好与设计作品之间的关系，但由于它相比前一章进行的调查要复杂得多，或者说我缺乏耐性，结果半途而废了。不过我大体掌握了人类喜好的一些内在规律。首先，和印象一样，喜好的个人差异也很明显，十人可能有十种不同的喜好；其次，喜好中并没有发现相对固定的法则，如“图案间隔大小对喜好的影响”、“颜色种类多少对喜好的影响”等等；再者，人类对设计作品的喜好会随着时代的发展而发生变化，而且还受个人当天心情的影响。

人的喜好与设计之间的关系，无法用简单的方程式进行表示。不过，通过努力，我们逐渐了解到一些细节和倾向，例如“讨人喜欢的形状”、“惹人喜爱的颜色”等。通过不断地探索，我们发现人的喜好中有很多有趣的现象。

在接下来的几个小节中，我将为您分析“人的喜好与设计之间的关系”，并从颜色与形状的角度出发，来分析人为何会被特定的设计吸引以及其中隐藏的规律和法则。

女性对红色的反应

~为什么女性对红色系的颜色很敏感？ 1~

大部分女性都对红色、粉色等红色系的颜色非常敏感，而且很多女性在穿衣和化妆上也特别善于使用这些颜色。实际上，在颜色认知的实验中，女性对红色系颜色的正确识别率要高于其他色系。这是为什么呢？

关于这点，主要有两种说法。

第一种说法认为这是女性先天具有的能力。人类在进化的过程中，慢慢适应了男性狩猎、女性采集果实的生活，而果实成熟的标志就是变成红色。因此，女性逐渐对红色变得敏感起来。

另一种说法认为，女性后天才对红色、粉色敏感起来。人会习惯性地给女孩子买红色、粉色的玩具和衣服，由于身边长期有这种颜色的物品，女性自然而然就对这些颜色敏感起来。

女性真的对红色系的颜色非常敏感吗?我们再来做一个实验。在第 36 页的色型人与形型人的判别测试(类型调查 1)中,使用了红色的圆形,结果过半数的女性对红色反应强烈,被判别为色型人。这次我们使用其他颜色做同样的测试,看看结果会发生什么样的变化。

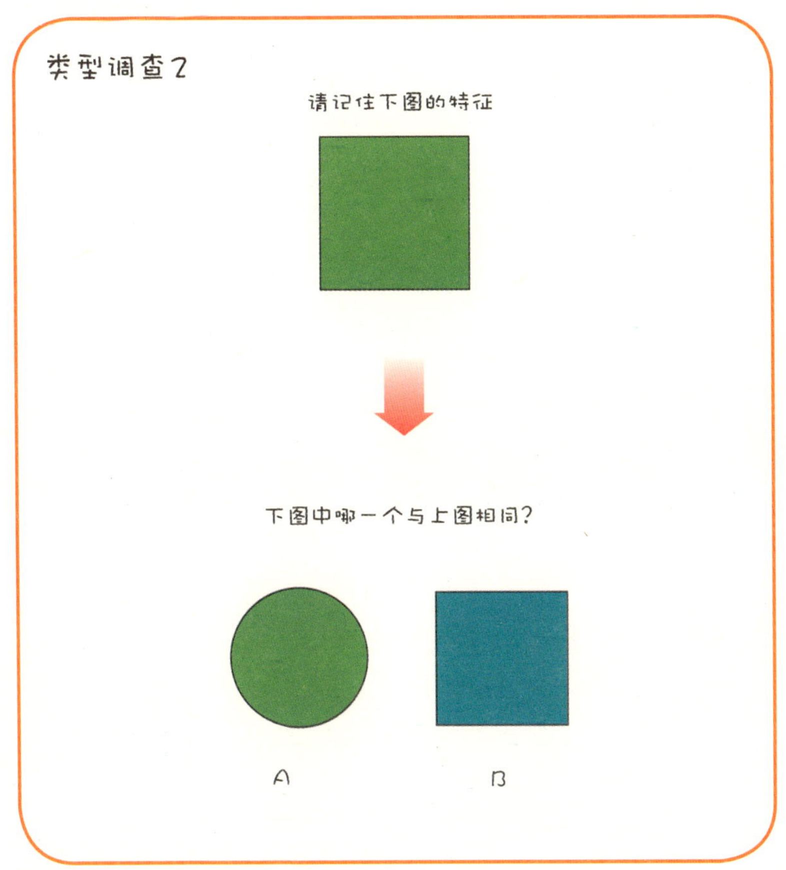

女性对红色的反应

~为什么女性对红色系的颜色很敏感？2~

上一页测试的选项分别为绿色的圆形和蓝绿色的正方形。与类型调查1中的两个选项相比，调查2中的两个选项在色相上的间隔较窄。根据常识判断，颜色范围缩小了，选择同一颜色的色型人应该增加才对。此次参加测试的共132人，其中男性81人，女性51人。结果，呈现在我们面前的是一组有趣的数字。

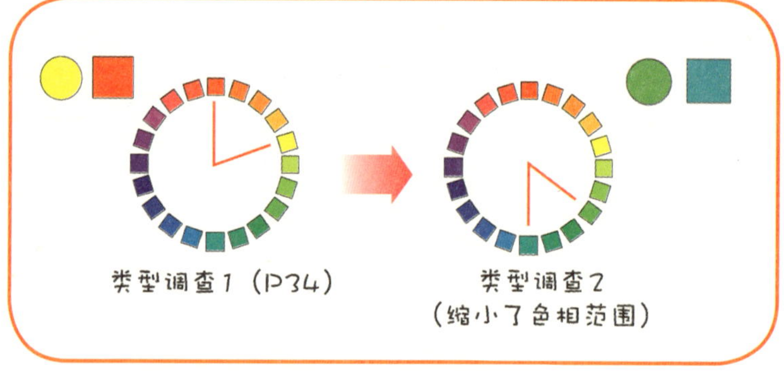

	A 色型	B 形型
全体	59.8%	40.2%
男性	61.7%	38.3%
女性	56.9%	43.1%

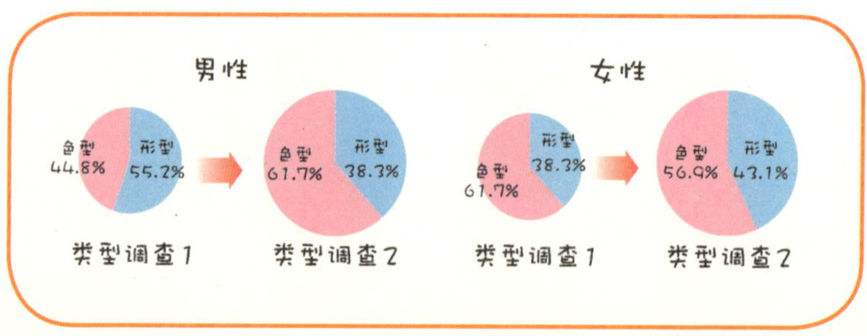

正如之前的预期，与调查1相比，男性选择同一颜色的色型人增加了，达到61.7%。这与调查1中女性色型人的比例相同。当选项的颜色范围缩小后，男性色型人增加了16.9%。

不过，更加有趣的是女性测试结果的变化。在类型调查2中，尽管缩小了颜色范围，选择同一颜色的女性却减少了，以致男女的色型形型比例出现了大的变化。

测试的结果会因测试方法（图形大小、选项的左右位置等）的不同而改变，因此我们不能仅根据一组数字就急于下结论。不过，我们由此可以大胆推测一个结论：多数女性对不同颜色的反应程度有所差异，对红色系的颜色相对较为敏感。

女性对红色的反应

~为什么女性对红色系的颜色很敏感？3~

女性为什么对红色如此敏感呢？前面介绍过两种说法。实际上，还有一种有趣且有说服力的说法，那就是女性的视椎细胞。人的视网膜中有 L 视锥（红视锥）、M 视锥（绿视锥）和 S 视锥（蓝视锥）三种视锥细胞，因此我们具有三色型色觉。不过，新的研究结果表明，根据遗传学原理，有一部分女性天生就拥有两种红视锥（深红、朱红），属于四色型色觉的人。

关于女性四色型色觉的研究尚处于起步阶段，所以还有很多谜团尚未揭开。目前，科学家认为具有四色型色觉的女性占女性总数的百分之几到百分之几十（理论上约为 50%）。而根据遗传学原理，男性是不可能拥有四色型色觉的。

现实生活中，与女性相比，男性对颜色的反应要迟钝好多，而且与色彩相关的工作也大多由女性担当。从这些现象，我们也能感觉到女性在色觉方面的能力要强于男性。隐藏其后的原因可能就是有部分女性具有四色型色觉。

女性除了具有先天的色觉优势外，后天的色觉训练也多于男性，那是因为女性要选择服装的颜色、分辨口红的颜色等等。例如，女性往往能辨别出口红颜色的细微差别，而男性大都对此反应迟钝。

女性中有一部分人，有两种L视锥。

【女性】

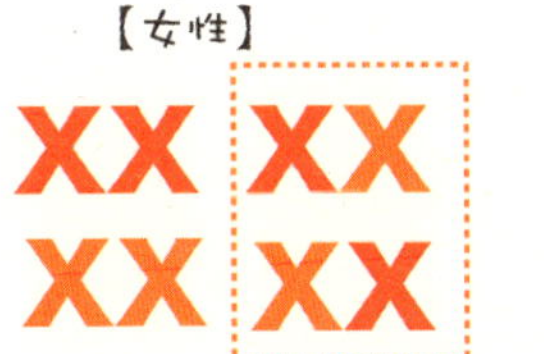

【男性】

这部分是人类具有四色型色觉的要素。

※想象模式
（颜色不一定准确）

有关红色的遗传信息载于X染色体上，因此，从理论上讲，男性不可能拥有四色型色觉。

我换了口红喔。

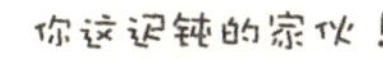

真的吗?

对于红色，女性敏感，而男性迟钝。

女性对红色的反应

~ 利用女性对红色敏感的特点进行设计 ~

◎ 在 POP 广告、印刷品上的应用

既然很多女性都对红色很敏感，这个特点就有很大的利用价值。比如，商店的宣传单、POP 广告在宣传女性商品时，如果使用红色的文字，宣传效果会非常明显。红色非常醒目，对于拥有四色型色觉的女性来说，更具“杀伤力”。在设计中，除了使用红色外，图案的形状也不容忽视。女性中也有形型人，如果颜色和形状搭配得当，很多女性消费者恐怕都难以抵挡诱惑。相反，作为消费者，就算对商品或商品宣传单动心，也要冷静思考是不是因为红色的影响，这样才能控制不必要的购买欲。

◎ 男性对女性的红色反应强烈

2008 年，美国心理学家公布了一项研究结果，宣称：“着红色服装的女性，对男性的吸引力最大”。心理学家进行了一项实验，将女性穿红色、蓝色等颜色衣服的照片，或在红色、蓝色等背景下拍摄的照片，展示给男性看，请他们评选出最喜欢的女性。结果，穿红色衣服或在红色背景下的女性人气最高。由此可见，当红色与女性有关时，会引起男性的强烈反应。

换一个角度看，女性对红色敏感、喜欢穿红色衣服，也许正是因为男性有这样的喜好才造成的。这一点还是非常符合生物学逻辑的。

很多女性对红色
很敏感。

因此，对红色文字的
反应也会特别强烈。

大甩卖
香蕉 38日圆

大甩卖
香蕉 38日圆

大甩卖
香蕉 38日圆

大甩卖
香蕉 38日圆

大甩卖
香蕉 38日圆

本来，红色就非常醒目，
容易吸引人的眼球。

反之，如果了解这个
原理的话……

也许就不会落入商家
的陷阱了。

吸引人的颜色

~ 男女对颜色的不同偏好 ~

人喜欢什么颜色，这是色彩心理学研究的课题。作为设计师，如果了解什么样的人喜欢什么样的颜色，对设计出受欢迎的作品将大有帮助。接下来，我为大家介绍一些有关颜色和性格的研究结果。

首先，我们来看一下男女对颜色的不同偏好。

男性	女性
第一位　蓝色　（30.0%）	第一位　粉红色　（18.2%）
第二位　绿色　（16.0%）	第二位　蓝色　（16.0%）
第三位　红色　（8.5%）	第三位　白色　（10.3%）
第四位　黑色　（7.9%）	第四位　绿色　（9.1%）
第五位　白色　（7.7%）	第五位　红色　（8.4%）

上表中的数据是根据 2007 年秋在日本做的一项调查总结出来的。调查对象的年龄为 10~70 岁，其中男性 2806 人、女性 1930 人，共计 4736 人。人们对颜色的喜好不仅存在地域性，而且会随着时代的变化而变化。因此，不能就此一概而论，不过至少可以看出一点倾向。

从上表中我们可以看出，男性最喜欢的颜色是蓝色，而女性第二喜欢的颜色也是蓝色。由此可见，不论男女，都比较喜欢蓝色。女性最喜欢的是粉红色，尤其是十几岁、二十岁的女孩子，最爱的就是粉红色。近些年，出现这样一种倾向：蓝色在女性中的人气有所上升，而绿色受男女喜欢的程度都有所上升。经过仔细调查发现，女性喜欢的蓝色与男性喜欢的蓝色在色相上稍有差异，其中女性喜欢加入些许红色的蓝色。而绿色受欢迎程度的上升，我推测是近些年需要“疗伤”的人逐渐增多造成的，因为绿色就有治疗心理创伤的功效。

男性喜欢的颜色 TOP5

第1位 第2位 第3位 第4位 第5位

女性喜欢的颜色 Top5

第1位 第2位 第3位 第4位 第5位

※女性喜欢的蓝色与男性喜欢的蓝色，稍有差异。

参考数据——世界各国人民喜欢的颜色 Top3
（选自：《世界的色彩感情辞典》）

韩国

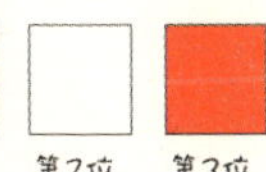
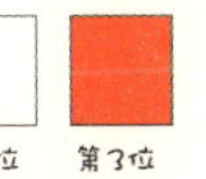

第1位 第2位 第3位

荷兰

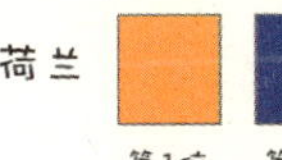

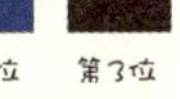

第1位 第2位 第3位

美国

第1位 第2位 第3位

德国

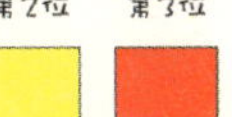

第1位 第2位 第3位

俄罗斯

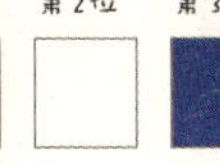

第1位 第2位 第3位

世界各国人们对颜色的偏好有所不同，了解其中的原因请参见《每天懂一点·色彩心理学》。

吸引人的颜色

~喜欢的颜色与性格/男性 1~

有关颜色与性格关系的研究，目前在世界各地都很盛行。虽然研究时间并不算长，二者之间的关系大部分已很清楚明了。对于特定颜色的喜恶，和个人过去的记忆紧密相关，因此个人差异明显。另一方面，具有相同行为模式或反应模式的人，对颜色的喜好也趋于一致。

下面，我将以前面的调查中受欢迎度高的颜色为例，为大家讲解对颜色的偏好与性格之间的关系。

◎ 男性喜欢的颜色　第一位／蓝色

喜欢蓝色的男性，很注重与同伴之间的和谐、协调，多属于“协调派”。这类人性格温和、有礼貌、谦虚，做事有计划，很少冲动行事。他们还是“慎重派”，办事认真且遵守规则。不过，喜欢蓝色的男性也有固执的一面，会一味坚持己见。对后辈或很逊的对手，他们会表现得很亲善，而对上司或强硬的对手往往畏首畏尾，不敢表达自己的意见。

日本男性之所以喜欢蓝色还有一个理由。有七到八成的日本男性肤色非常配蓝色衬衫，而人会无意识地喜欢适合自己的颜色。

此外，喜欢天蓝色等明快蓝色的人一般感情丰富，善于表达心中的想法，还容易受音乐、美术等艺术作品感染。喜欢藏青色等深蓝色的人，理性、睿智，适合从事法官、经营者等经常需要做出重大裁决的工作。

喜欢蓝色的男性性格温和、有礼貌、谦虚。

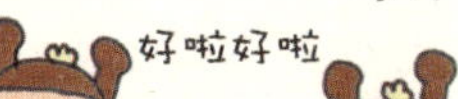

多是协调派，平息他人的纷争。

诚实又认真。

面对上司或强硬的对手，会显得缺乏自信。

喜欢明快蓝色的人一般感情丰富，而且善于表达心中的想法。

喜欢深蓝色的人理性、睿智，适合从事经常需要做出重大裁决的工作。

吸引人的颜色

~喜欢的颜色与性格 / 男性 2~

◎ 男性喜欢的颜色　第二位 / 绿色

喜欢绿色的男性，社会意识强，做事认真，多是和平主义者。虽然不是社交高手，但与人交往不存在障碍。不过，在他们内心深处，潜藏着对他人的不信任。喜欢绿色的人好奇心强，但不是会积极主动采取行动的那类人。他们感情细腻、思维缜密，能看清事物的本质。

喜欢黄绿色的人，大多性格随和、友好。与喜欢普通绿色的人相比，他们更善于社交，与什么人都能成为朋友。

◎ 男性喜欢的颜色　第三位 / 红色

性格外向、行动力强的人大多喜欢红色。还有人认为红色“帅”、“酷”、“有型”。日本上世纪七十年代的热播剧集《秘密战队》中的五名战队成员身着红、蓝、黄、粉、绿五种不同颜色的服装，其中身着红色者是战队的首领，而他给观众留下的印象就是“有型”、“酷”。有人喜欢红色大概是出于这个原因。

喜欢红色的人，大多雄心勃勃，工作能力强，口才出众、魅力十足。不过，他们也有缺点，如自我、任性、感情起伏大、时常态度蛮横。此外，乐天派的人也喜欢红色，他们追求刺激。再者，当人渴望母爱时，也会喜欢红色。换句话说，喜欢红色的男性，很多都有恋母情结。

喜欢绿色的男性多是和平主义者。

与人交往无障碍。

喜欢黄绿色的人善于社交，和什么人都能成为朋友。

喜欢红色的人性格外向，具有行动力。

认为红色“帅”、“酷”、“有型”的，也大有人在。

不过，多少有点恋母情结……

吸引人的颜色

~喜欢的颜色与性格 / 女性 1~

◎ 女性喜欢的颜色　第一位 / 粉红色

粉红色特别受三十岁以下女性的青睐。在富裕家庭中长大、家教好的女性倾向于喜欢粉红色。另一方面，有些女性希望回到纯真的孩提时代，也会喜欢粉红色。粉红色是将红色的明度提高后得到的颜色，从理论上讲，它将红色的热情柔和化。有的女性非常喜欢红色，但因红色太过热烈，转而选择能让人平静的粉红色。

喜欢粉红色的女性一人独处时，非常享受空想的乐趣，会幻想浪漫的恋爱和完美的婚姻。她们一般非常敏感，但还希望自己看起来更加敏感。粉红色具有调节人体内分泌、防止衰老的效果。不仅如此，粉红色还能使人放松，因此当女性工作很疲惫时，也会想看看粉红色。

关于粉红色，还有一个有趣的现象。有的女性本来并不是特别喜欢粉红色，但某一天会突然爱上这种颜色。可能是因为她遇到了自己喜欢的人，想让自己显得温柔一点，于是有意无意地使用了粉红色。粉红色是恋爱的颜色，当女性坠入爱河时，会喜欢上这种颜色。此外，刚生了孩子的母亲，也很喜欢粉红色。

喜欢粉红色的女性
知性、教养好。

在富裕家庭中长大的女性，
多喜欢粉红色。

她们憧憬浪漫的恋
爱和婚姻。

也有人本来喜欢红色，但因红色
太过热烈，转而喜欢粉红色。

粉红色还有防止
衰老的功效。

工作太累，也想看看粉红色，因
为粉红色有让人放松的效果。

吸引人的颜色

~ 喜欢的颜色与性格 / 女性 2~

◎ 女性喜欢的颜色　第二位 / 蓝色

喜欢蓝色的女性，大多冷静，遇事会深思熟虑。她们性格温和，但很爱“算计”，“算计”这点可说是好坏参半，好处是基本不会感情用事。喜欢蓝色的女性大多非常独立，不愿依赖别人，希望靠自己的努力做出成绩。近些年来，女性对蓝色喜爱有加，我猜可能是希望自立的女性越来越多的缘故吧。

再说一点，喜欢蓝绿色的女性大都感情丰富，而且很讲究。

◎ 女性喜欢的颜色　第三位 / 白色

喜欢白色的女性分两种类型。一种是有远大理想，为了目标努力奋斗的人。无论对事业还是恋爱，她们都有很高的追求。这类女性基本都是完美主义者。另外一种女性喜欢白色的优雅，希望提升自己的形象。虽然她们不是爱“显摆”的人，但多少还是希望有人注意。如果一个人喜欢白色，但又不是“奋斗型”的话，那多半属于后一种类型。

此外，喜欢白色的人可能感觉很孤独，或者说善于营造孤独感。当人想寻求心灵净化时，也会中意白色。

白色还是年轻的象征，有一部分人喜欢白色就是因为想追回逝去的青春。很多中年妇女喜欢白色大概也是出于这个原因。

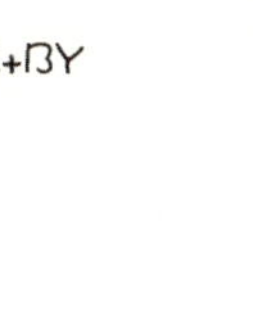

喜欢蓝色的女性善于“算计”。

喜欢蓝色的女性非常独立。

喜欢蓝绿色的女性大多感情丰富而且很讲究。

喜欢白色的人有远大理想。

也有人想借助白色来提升自己的形象。

想变年轻，也会喜欢白色。

吸引人的颜色

~ 不同地域的人对颜色的不同偏好 ~

通过调查，我们发现人们对颜色的喜好不仅存在男女差异，不同地域的人对颜色的偏好也不尽相同。以日本为例，住在北海道和东北地区的人，有喜欢黑色、蓝色等冷色系颜色的倾向；而住在冲绳、九州的人，倾向于喜欢红色等暖色系的颜色。此外，相比其他地区，住在首都东京一带的人对绿色的喜欢度最高。

那么，这个地域差异是如何产生的呢？

首先，文化差异是一个重要原因。各个地域受自己独特历史背景、流行因素的影响，形成了独一无二的地域文化，而文化背景是影响人们对颜色喜好的一个重要因素。

其次，各个地域的光照强度不同，这也是造成人们不同颜色喜好的原因之一。在太阳光（光照强度）的影响下，颜色看起来会发生变化。因此，同一颜色在纬度不同的地域看起来是不一样的，而每个地域都有看起来最美的颜色。简单来说，赤道附近的太阳光中带有红、橙、黄等颜色，在这样的太阳光照射下，明度和彩度相对较高的暖色看起来会更漂亮。日本面积虽小，但其最南端也处于热带。在冲绳，红色和橙色看起来就比北方漂亮。反之，到了北海道，就会发现冷色系、低彩度的颜色更漂亮。东京地处北纬 35° 附近，在那里中间彩度和明度的颜色看起来漂亮些。东京人喜欢的绿色就是这样一种颜色。与东京纬度相当的美国城市洛杉矶，那里的居民也很喜欢绿色。

除了前面两个原因外，人对颜色的喜好还受空气透明度、土地背景色等因素的影响。据调查显示，在日本这些因素的影响并不明显，也许是因为它们在日本各地的差异不大吧。

对颜色的喜好与地域差异

北海道、东北地区
- 喜欢黑色、蓝色等冷色系。

大阪地区
- 金、银等特殊颜色的人气非常高；
- 暖色系也比较受欢迎。

首都圈
- 比其他任何地域都更喜欢绿色。

冲绳、九州
- 喜欢红色等暖色系颜色。

颜色的喜好为什么会存在地域差异呢?

- 文化背景差异
- 太阳光（光照强度）的差异

纬度高的地区，冷色系颜色看起来漂亮，而在赤道附近，暖色系颜色看起来更好看。

70-25-5 法则

~ 通过“色彩调和”，搭配出让人觉得舒服的配色 ~

通过前面几个小节的介绍，我们大致了解了人们对颜色偏好的一些倾向。不过，即使全部使用人们喜欢的颜色，也不一定能设计出吸引人的作品。这是为什么呢？要使各种颜色的搭配看起来很舒服，需要遵守一定的规则。在第二章中，我们已经讲过，颜色搭配不能只考虑“适合与不适合”。一种颜色与不同颜色搭配，会让人产生不同的印象。因此，配色时，要先确定自己“想给别人制造什么样的印象”。而且只有通过“色彩调和”，才能搭配出让人感觉舒服的配色。

所谓“色彩调和”，就是对各种颜色的比例进行调整、使之和谐，进而达到一种平衡，让看到设计作品的人感受到“美”。“调和”，是设计的重点，像第三章中我们讲过的“可爱的”、“漂亮的”设计大多都是“调和”的。即使是稍稍打破平衡的“华丽的设计”，也建立在“调和”的基础上。

进行“色彩调和”时，要特别注意颜色面积的比例。一般来说，主色占整体的 70%，辅色占 25%，再加上 5% 的点缀色，就可以使整体看起来很协调。选用什么样的辅色来衬托主色，取决于我们要制造什么样的印象或传递什么样的信息。辅色的作用主要是突显或衬托主色，使观看者产生预期的印象，感觉舒服。

按照“70-25-5”的比例搭配主色、辅色、点缀色的法则，适用于装潢设计、时装设计、平面设计、网页设计等众多设计领域。

主色	70%
辅色	25%
点缀色	5%

按照这个比例搭配色彩，能使整体色调统一，使观看者感觉舒服。

首先决定主色。

然后决定辅色。

使用同色系颜色或相反色是基本原则。

不同的搭配，能让观看者产生不同的印象。

再加入点缀色，使整体达到平衡。

实际上，大概就像这样。

黄金比例

~ 经典的黄金比例 ~

在雅典的巴特农神庙和巴黎的凯旋门等经典建筑作品中，都能发现黄金比例。黄金比例为 1:1.618。一个矩形的长宽比若为 1.618:1，我们就可以称它为“黄金矩形”。黄金矩形不仅存在于建筑物中，在我们身边也随处可见。名片、信用卡、明信片等，大多都采取黄金矩形设计。除了人为的设计，黄金比例也存在于大自然中，可以说是一种“自然天成”的美。艺术家们最擅长用黄金比例来展现美，细心留意下，你就会发现很多雕塑、绘画作品都用到了黄金比例。其中最著名的就要数达芬奇在 1490 年的素描作品《维特鲁威人》(Vitruvius) 了。画中人脚趾到肚脐的距离与脚趾到头顶的距离之比约为 1 : 1.6。

过去的很多美术作品中都存在黄金比例，这并非因为黄金比例中隐藏着什么“美的秘诀”，而是人们把它作为一种“美的规范”在使用。历史上有很长一段时间，人们非常推崇黄金比例，认为它是最美的。然而，人的审美和平衡感会随着时代的变迁而改变。现在，就不是所有人都认为黄金比例是最美的。

此外，以前也存在对黄金比例的盲目推崇。比如，有极端说法认为自然界的所有事物都存在黄金比例，甚至还有人把 1 : 1.4 至 1 : 1.8 的比例构成的美术作品硬归入黄金比例。尽管如此，我们也并非要否定黄金比例的美感。只要感觉它能带给你一种平衡感，让你心情舒畅，就可以利用它给自己的生活增添美感。不过，遗憾的是，至今人们也没有找到黄金比例能够体现美感的科学依据。

黄金比例为 1：1.618

凯旋门等建筑物中就存在黄金比例。

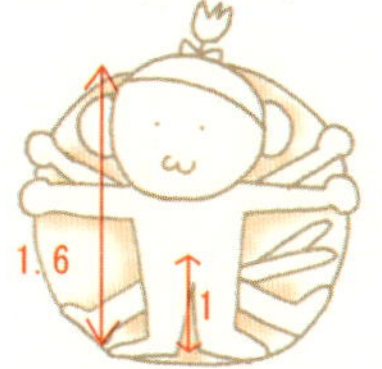

达芬奇的素描作品《维特鲁威人》中也有黄金比例。

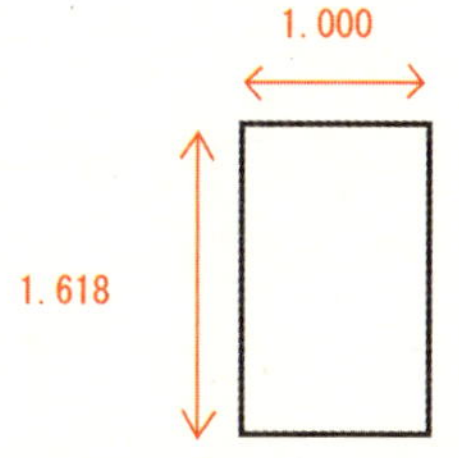

按照黄金比例构造的长方形叫做“黄金矩形”。

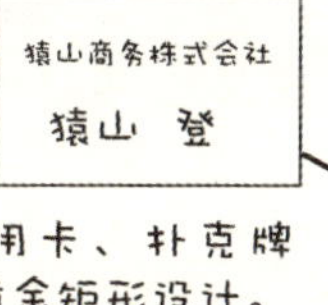

名片、信用卡、扑克牌等，多按黄金矩形设计。

白银比例

~ 日本传统的美感比例 ~

在日本，有一个传统的“美感”比例，叫做“白银比例”，即 1 :（1 : 1.414）。和黄金比例一样，白银比例也是一个有“平衡感”的比例。日本的建筑、雕刻、插花等艺术作品中常用到白银比例。其中具有代表性的有法隆寺的五重塔和四天王寺的院地。

在我们身边，A3、A4 等 A 型打印纸和 B3、B4 等 B 型打印纸，宽和长的比就是白银比例。如果把打印纸的短边看做 1，那么长边就是 1.4。不论是 A 型还是 B 型打印纸，对折裁开后得到的半张纸，其宽和长的比例仍为白银比例。A 型纸是德国人在 19 世纪提出的一种纸张规格，其中 A0 的面积为 1 平方米，后来作为世界标准规格一直沿用至今。B 型纸的面积比 A 型稍大，是日本独特的纸张规格，源于江户时代的公用纸——“美浓纸”。

德国科学家费希纳（Fechner，1801~1887，德国哲学家、心理学家和物理学家）曾做过这样一项实验：他把各种各样的长方形展示给人看，结果显示黄金比例的长方形最受欢迎。不过，最近有人开始质疑，说黄金矩形显得太长了。随着时代的变化，黄金比例的绝对统治地位也发生了动摇。最近甚至有调查显示，白银比例的图形比黄金比例的图形更受欢迎。先不讨论这个调查结果是否准确，至少我们可以知道，白银比例也是一种看着舒服的比例。

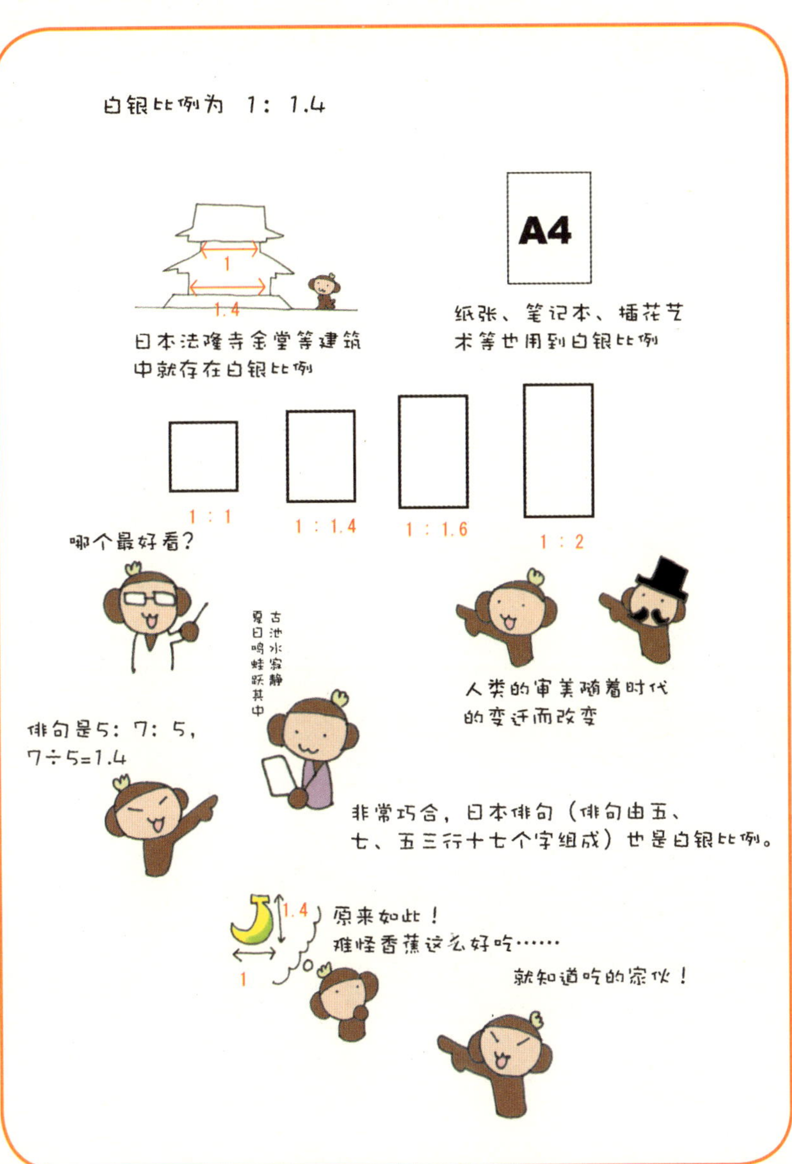
白银比例为 1：1.4
1
1.4
日本法隆寺金堂等建筑中就存在白银比例
A4
纸张、笔记本、插花艺术等也用到白银比例
1：1
1：1.4
1：1.6
1：2
哪个最好看？
人类的审美随着时代的变迁而改变
古池水寂静
夏日鸣蛙跃其中
俳句是5：7：5，
7÷5=1.4
非常巧合，日本俳句（俳句由五、七、五三行十七个字组成）也是白银比例。
1.4
1
原来如此！
难怪香蕉这么好吃……
就知道吃的家伙！

为什么杂志爱用人脸作封面？

~人脸是大脑最喜欢的“终极设计”1~

随着出版业的发展，发行的杂志种类和数量都越来越多。不知您是否留意过，很多杂志都喜欢用明星脸作封面。这是为什么呢？

答案很简单，用明星脸作封面，杂志好卖。那么，为什么这样就好卖呢？

“因为明星有号召力，明星的‘粉丝’当然会喜欢用自己偶像的脸作封面的杂志。”

这个回答没错，但原因不止于此。

实际上，还有更深层的原因。在第一章中我们讲过，人的大脑中存在只对特定颜色或特定形状发生反应的细胞。其实，还有一种细胞只对“人脸”作出反应，而且这种细胞异常发达。正因为如此，我们能识别人脸的细微特征，在茫茫人海中认出自己相识的人。试想一下，在我们人类眼中，同一种类的蚂蚁都是一个模样，而实际上，每只蚂蚁都不同，只是我们识别不出来罢了。我们人类的脸也是一样，也许在其他动物看来，所有人类都长得差不多。人类对“人脸”的反应非常敏感，所以，杂志封面用人脸照片，不管是不是明星脸，都能引起我们的注意。

不过，人类对脸的识别也有局限性，即只对自己熟悉的类型比较敏感。例如，中国人对中国人、或同为黄种人的日本人、朝鲜人的脸更容易记忆和识别，而对于欧美人的脸，既不容易记忆，也不容易判断。再者，人只对正脸反应敏感，对于倒过来就很难识别了。

很多杂志喜欢用“脸”作封面，因为这样杂志好卖。

大脑对人脸的反应异常敏感。

啊，这不是隔壁的佐藤先生吗。

这……这是谁呀？

我们可以分辨出正脸的细微差别，但若反过来的话……

为什么杂志爱用人脸作封面?

~人脸是大脑最喜欢的“终极设计”2~

在本书第45页我讲过，相比白色，婴儿对红色、黄色更敏感；与纯色相比，婴儿更喜欢图案。实际上，我的话还没有讲完：与各种图案相比，婴儿对人脸的反应更强烈。也就是说，人从很小的时候起，就对人脸有反应了。如果把人脸当作一个设计作品，可以说，它是我们的大脑最喜欢的“终极设计”。

◎ 加入脸部照片的效果

现在，在名片上印自己的照片已经不新鲜，甚至大有推广普及的趋势。首先，在名片上印自己的照片，更容易让对方记住自己的相貌，而且，微笑的脸给人和蔼、亲切的感觉；其次，日后当对方翻看名片时，看到照片，会产生想联系的冲动。

实际上，在名片上印照片的作用还不止于此。如果把名片看作一个设计作品，那么，加入脸部照片的设计，比其他任何形式的平面设计都更能吸引人的眼球。前面已经讲过，这是由我们大脑的功能决定的——大脑对人脸的反应异常敏感。不过，这并不等于说，大脑“喜欢”所有人脸。大脑对人脸作出的敏锐反应，不全是“好意的”。例如，面无表情的脸、痛苦的脸，会给人留下负面印象。因此，想在自己名片上印照片的朋友，请一定要注意拍照时的表情，而且，最好请个好一点的摄影师。

利用人类大脑对人脸反应敏感这一特征，在广告宣传方面可以大有可为。例如，商店中的手绘POP，如果画上店长或店员的脸，关注度可能立刻倍增。

这个不错！
在各种各样的设计中，
有脸部照片或画的作品最引人注意。
啊——
从婴儿时期开始，人类对
脸的反应就非常敏感。
是的。
你的名片上还印了照片嘛。
晕！
怎么看都不是你啊！
猿山商务
株式会社
猴藏

利用人脸进行的成功设计

~ 露脸比例 / 强调性格特点的方法 ~

◎ 露脸比例

所谓“露脸比例”，是指脸在画面中所占的比例。注意这里不是指脸的面积占整个画面面积的几分之几，而是脸的长度与画面中出现的全部身长（包括脸部）的比例。如果整个画面只有脸部，那么，露脸比例为 1.0；如果画面中没有脸部，那么露脸比例就为 0。

露脸比例高，可以起到强调人物性格特点的作用。比如，精明的人看起来会更精明，温柔的人则显得更温柔。此外，露脸比例高，也能使照片中的人看起来“野心勃勃”。因此，政治家在宣传海报的设计中，特别要注意把握露脸比例，既要强调自己性格中好的一面，又要防止给人留下“野心家”的印象。而露脸比例低的画像，会把人物的身体特征突显出来，比如体型等。

在各种各样的形状中，人对脸的形状最为敏感，可以辨别出其中细微的差异。这是因为在人的大脑中，判断人脸形状的细胞非常发达。因此，露脸比例高的画像，更能吸引人的注意，而且能给人留下深刻印象。当然，印象包括好坏两个方面。进行设计时，如果要使用脸部照片，需要掌握好露脸比例。

此外，在杂志和电影等媒体中，存在一个有趣的现象：在人物画像中，男性的露脸比例压倒性地高于女性。而且，在世界各国都有这样的倾向，似乎并不受文化差异的影响。

露脸比例是指脸的长度与身体长度之比。

只有脸的话，露脸比例为1.0

只有脸的话，露脸比例为0

露脸比例0.3

露脸比例1.0

露脸比例低的画像，能够强调人物的身体特征。

露脸比例高的画像，可以强调人物性格的特征。

利用人脸进行的成功设计

~“娃娃脸”效应~

◎“娃娃脸”效应

圆脸、大眼睛、小鼻子等组合起来的脸，看起来有婴儿或儿童的脸部特征，因此被称为“娃娃脸”。长着“娃娃脸”的人，常被人认为拥有孩子一般正直、无邪的性格，这就是所谓的“娃娃脸效应”。仔细想想，拥有“娃娃脸”的人和孩子般的性格并不能划上等号。但人类是一种很会“图方便”的高级动物，非迫不得已的情况下不愿想太多。看到“娃娃脸”，自然而然就联想到孩子般的性格，而且还会受这种想法的支配。结果，往往混淆了印象和现实之间的界限。我分析，这种效应也是由大脑对人脸反应过于敏感造成的。

在影视剧创作中，需要进行角色设计。如果想让角色具有纯洁、正直的性格特点，可以挑选长着“娃娃脸”的演员，或者在给演员化妆时，尽量勾勒出“娃娃脸”的特征。

其实，除了设计领域，“娃娃脸”效应在很多领域都有应用。例如，当杂志或电视要炒作自己的记者时，最好选派长着“娃娃脸”的记者上镜。这样容易在读者、观众心目中树立良好的形象，让他们觉得这样的记者报道的都是“正直的声音”。反之，制作具有说服力的节目时，就不适合使用“娃娃脸”主持人，如果是在《市场分析》这类财经节目，恐怕会使节目缺乏说服力和严肃性。因此，这类节目还是选用面相成熟、沉稳的主持人比较合适。

正直、无邪

具有圆脸、大眼睛、小鼻子等特征的脸，会让人联想到婴儿、儿童的脸，进而联想到孩子般正直、无邪的性格。

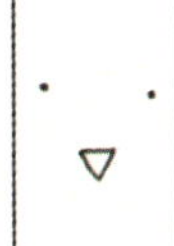

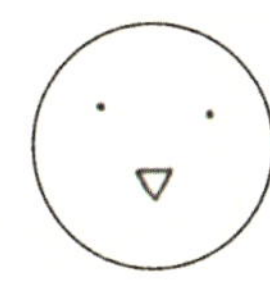

只要对轮廓稍加修饰，整体感觉就会不同。圆脸更可爱，更像娃娃脸。

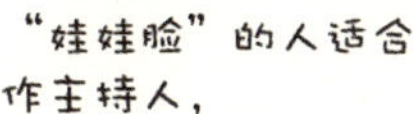

"娃娃脸"的人适合作主持人，

能给观众留下正直的印象。

令人感觉舒服的形状

~ 曲线和直线构成的形状 ~

接下来，我们来讨论一下形状的美感。首先，请看下图，并选出您认为看起来最舒服的形状。

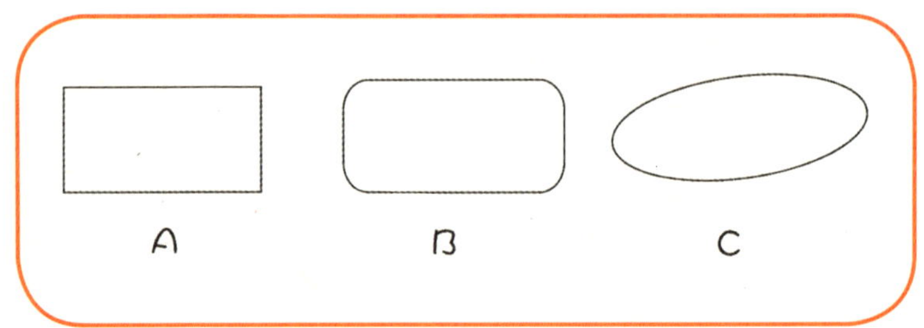

恐怕很多人都会感觉B比A好，C又比B好。这是为什么呢?

以上三个形状最主要的差别在于直线和曲线。在设计作品中，我们经常会看到由直线构成的形状，但是说到底，由直线构成的形状都是人为设计出来的。仔细想一下，自然界中很少存在“标准的直线”。不论是树木的外形、河流的路径、山峰的轮廓、动物的体型，还是石头的形状等等，基本上不存在笔直的线条。因此，与直线相比，自然界中广泛存在的曲线更有美感。由曲线构成的形状能和谐地融入自然风景中，不会产生生硬感。

不过，曲线形状中也有例外，那就是与人的眼睛、嘴巴相似的形状。普通的曲线形状能够和谐地融入自然，虽然令人感觉舒服但却并不十分醒目，而与人眼、嘴相似的形状却特别醒目。其原因还与大脑中识别人脸的细胞异常发达有关。了解了这种特质后，在设计中可以派上大用场。

此外，如果在设计中大量使用直线，可以制造出强烈的人工感。如果设计得当，同样可以利用这种不和谐感吸引人的眼球。

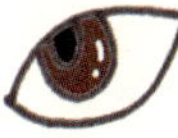

与直线相比，自然界中存在的曲线更让人感觉舒服。
不过，与人脸部的器官相似的曲线或形状，大脑的反应会非常敏感。

曲线看起来更自然。

大多数女性对红色都很敏感，

有些女性甚至具有四色型色觉，可以辨别出不同红色的细微差别。

因此，口红颜色的细微差别都逃不过女人的“法眼”。

不过，根据遗传学的理论，男性是不可能具有四色型色觉的。

不过，也有可以辨别不同红色的“超级色男”。

因为他们……

每天都要看老婆大人的脸色。

第五章

设计的力量

～战略性设计的神奇力量～

读到这里，对前面章节中某些大篇幅的理论阐述，也许你都有点厌烦了。但这一章保证能让你眼前一亮，因为我们马上就要把理论应用到实践中去了。

在本书的最后一章，我们一起来发现人很多有趣的特性，并通过诙谐有趣的实例讲解战略性运用！虽然我只介绍几个最初级的案例，但希望它们能为您提供有益参考，帮您理解设计或创意的真谛。

让人过目不忘的设计

~ 让人过目不忘的三大法则 1~

在最后一章，我将为大家介绍如何利用设计原理和人的认知特性进行设计。

首先，我们来分析一下究竟什么样的设计作品能给人留下深刻印象、甚至让人过目不忘。

人的记忆分为三个阶段，即感觉记忆、短期记忆和长期记忆。感觉记忆是将人体各个感觉器官获得的信息进行瞬间记忆。对获得的信息，我们会筛选一些有意义的进行短期记忆。在短期记忆中，信息只能被存储 20 秒左右。以记数字为例，在短时间内我们只能记住 7 ± 2 位数字。在短期记忆存储的信息中，我们又会选择特别有意义的内容作长期记忆。一旦进入长期记忆，基本就不会忘记了。

也就是说，要想永久记住某个信息，关键在于如何将对该信息的短期记忆转化为长期记忆。一个有效的方法就是“印象化”。将一个信息印象化后，更容易将其从短期记忆转移至长期记忆。因此，要想让别人永久记住自己的设计作品，最好的方法就是让它更容易印象化，即更容易引发别人的联想。

1. 灵活运用色彩

颜色有一个特征，即与形状相比更容易被人记住。例如，我现在说一个知名企业的名称，请您回忆该企业的 Logo，也许您记不起其 Logo 的具体形状，但对颜色多少会有点印象。此外，利用颜色很容易制造出想要的印象，这也是特征之一。使用印象性的、象征性的颜色或配色是制造特定印象效果的关键所在。

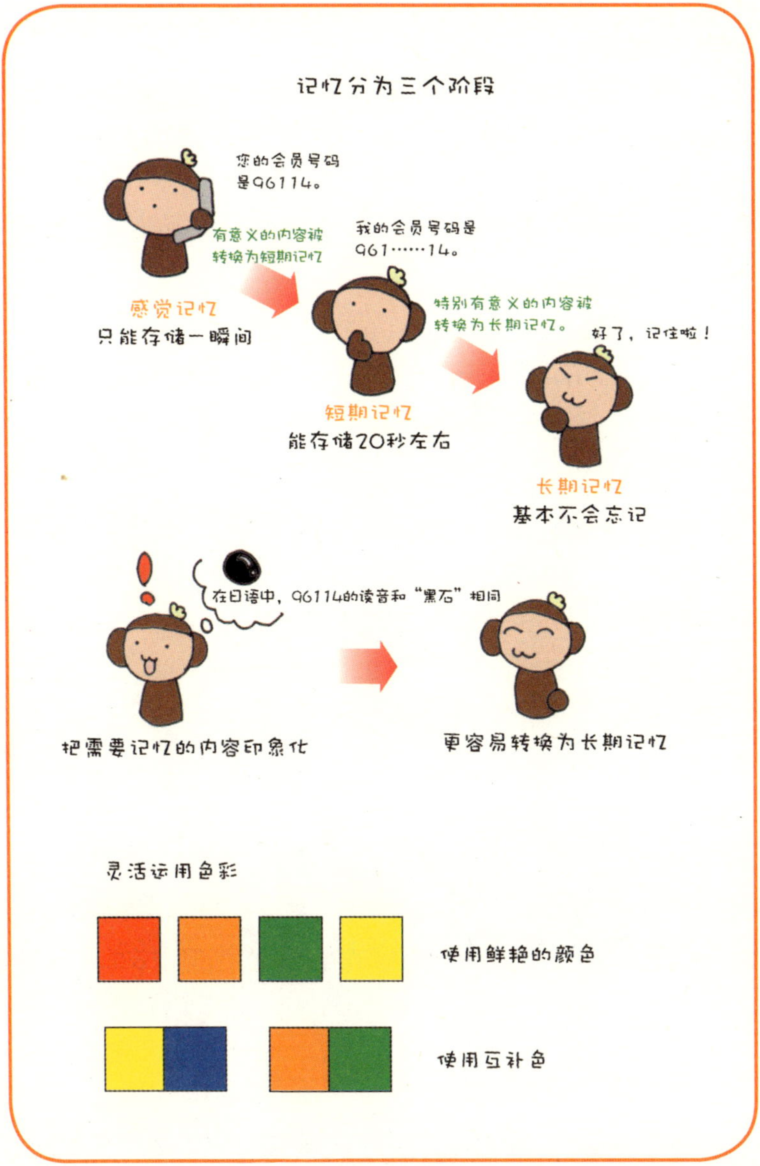

记忆分为三个阶段

您的会员号码是96114。

有意义的内容被转换为短期记忆

我的会员号码是961……14。

感觉记忆
只能存储一瞬间

特别有意义的内容被转换为长期记忆。

好了，记住啦！

短期记忆
能存储20秒左右

长期记忆
基本不会忘记

在日语中，96114的读音和“黑石”相同

把需要记忆的内容印象化

更容易转换为长期记忆

灵活运用色彩

使用鲜艳的颜色

使用互补色

让人过目不忘的设计

~让人过目不忘的三大法则 2~

2. 灵活运用与印象相关的短语、符号、图像等

当记忆与某种具体的形象联系起来、形成印象时，最容易转换为长期记忆。在设计中加入一些与印象相关的短语、符号、图像等，可以引发人们的联想，给人留下深刻的印象。

例如，美国著名保险公司 AFLAC（美国家庭人寿保险公司），利用日语中“AFLAC”的发音与鸭子叫声相似的特点，在广告宣传中用到了鸭子。在广告中，我们可以看到一只鸭子在说话。此外，AFLAC 的 Logo 中也出现了鸭子。经过反复宣传，在美国人的心中已经形成了一种印象，即“鸭子 = AFLAC”。看到或想到鸭子、甚至听到鸭子叫声时，美国人便会想起美国家庭人寿保险公司。

3. 商品命名与商品设计之间的联系

如果商品名称与商品设计没有任何联系，也不容易给人留下印象。其实，给商品命名也是一种设计。在很多情况下，商品都是根据其设计进行命名的。例如，日产（NISSAN）的“CUBE”车型，“CUBE”是立方体的意思，该车型就是根据车身方方正正的形状命名的。再比如，德国大众的著名车型“甲壳虫”，也是根据其浑圆的车身酷似甲壳虫的外形特点命名的。

综上所述，要想给人留下深刻印象，让人记住自己的设计，必须在“色彩”、“短语、符号、图像”以及“命名”上下功夫，尽量使设计能引发人们的联想。

商标的例子

- 呼应communication的含义，采用相对的两张脸，表现交流之意；
- 相对的两张脸组成字母“H”的形状，刚好是公司名称的首字母；
- 公司名称中的两个橙色字母组合起来是“AI”，而“AI”=“爱”，借此宣扬公司理念。

这个案例很好地运用了相关词语、视觉信息等要素，设计出一个让人过目难忘的企业Logo。

BLUE CAFE

- 虽然名称为“BLUE”，却用了绿色。故意增加干扰信息，使人印象深刻。（当然，使用绿色也有它自身的含义。）

我也为我的理发店设计了一个Logo，怎么样？

（意为：猴子美发师）

倒是容易记忆，不过……太难看了！

曝光效应

~ 看得越多越喜欢的效应 ~

在小学、中学时代，你的同桌或前后的同学是不是就是你最要好的朋友？我想，很多人都是这样。为什么离得近的同学容易成为好朋友呢？其实，这并非偶然的。

人有一种非常有趣的特性，那就是会对自己身边的人产生好感。这种现象在心理学上称为“近因效应”。有时，虽然两个同学的座位不相邻，但如果放学后上同一个兴趣小组，见面的次数多了，相互之间也会产生好感。单纯地只是见面次数多，也能增进人们之间的感情。这叫做“单纯接触原理”。

上述现象在设计中也经常出现。例如，当某个商品的电视广告或平面广告频繁出现在我们眼前、对我们的感官进行反复刺激时，我们多会对这种刺激进行“正面”、“好意”的解释。单纯接触原理在传媒界被称为“曝光效应”。广告等曝光的次数越多，越能给观众留下好印象。

实践表明，照片、名字、简单形状等的曝光效应最强。当人反复看一张照片或一个简单的形状时，会逐渐对其产生好感。反之，曝光效应最弱的是象形标志。卫生间标志或安全出口标志是日常生活中常见的象形标志，但不论看多少遍，恐怕很少有人会喜欢上它们。

作为设计工作者，要善于利用曝光效应。设计时，加入曝光效应强的因素，然后反复展示在公众面前，就可以收到良好的宣传效果。

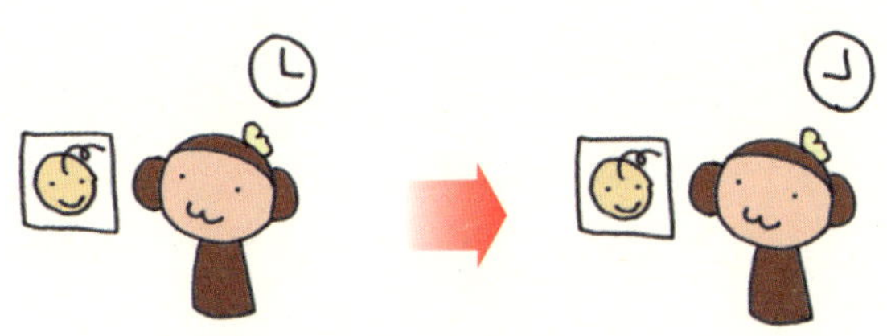

反复看一件设计作品，

人会逐渐对其产生好感，
这就是所谓的“曝光效应”。

曝光效应低的事物如

没什么感觉……

曝光效应高的事物如

有深意的照片、
名字、
简单的形状等

易用性效应

~ 好用 = 美 ~

所谓“易用”，是指使用简单、操作方便。有很多网页设计非常精美，但使用起来非常不方便。一个网页包含文字、图像、按钮等要素，如何合理配置这些要素以方便网民使用，是网页设计的一个基本要求。如果只追求视觉上的美观，而忽视了易用性，设计出的网页往往也是一个失败作品。网页设计的一个重要目标就是吸引网民浏览，增加点击率。从长远来看，一个易用的网页比单纯只是美观的网页能吸引更多的点击率。如果是销售型的网页，易用的网页设计能够明显增加销售额。

易用性高的设计作品，会让使用者觉得很舒服，进而增加使用频率。人们往往会把易懂、易用的设计评价为“美”的设计。拥有华丽的装饰和艺术性要素的设计作品，并不一定能获得“美”的评价。有一个词叫做“功能美”。设计实用产品时，一定要把其功能的易用性充分体现出来，否则会失去作为实用产品的“功能美”。

做设计时，考虑使用者首次使用时的感受非常重要。如果第一次就感觉不好用，使用者会对产品产生不好的印象。这叫做“首因效应”。这种心理效应非常强大，一旦形成就不容易改变。

一件设计作品易用性高，会给使用者留下“美”的印象，从而获得好的评价。因此，作为设计工作者，设计实用性产品时，一定要优先考虑易用性。

好用=美
这把剪刀好用！
这个网页清楚明了！
美
易用性高的
设计作品
易用性高的设计作品
往往被评价为“美”的。

整理信息

~ 让人感觉舒服的排版方法 ~

对于较长的文章，我们可以根据内容进行间隔排版，这样会使文章看起来清晰明了。除了读起来方便，看起来也会感觉很舒服。

有些较长的文章，内容是分条目的，而且条目前面会加上“○”或“·”。这是为什么呢？

实际上，“○”或“·”的存在，不仅能吸引读者的目光，还能使文章的结构一目了然，方便读者阅读。除了上述作用，“○”和“·”作为间隔符号，还能将长文章分割为若干短文章。对于看到长文章就头痛的读者来说，这样的分割无疑减轻了心理压力。因此，使用“○”或“·”，是排版的一个基本方法。

我们再来看看带有照片或图画的文章该如何排版。其实很简单，只要把照片等间距排列，就可以使版面清晰明了，而且还可以使每张照片都很突出、显眼。

此外，在第三章中我已经讲过，对于“可爱的”、“平凡的”设计，最重要的就是形状和布局的整齐，而“漂亮的”设计需要在整齐的基础上再添加些点缀。由此可见，要达到上述设计效果，整齐的布局是基础。在对文件进行排版时，除了要将照片尺寸调整至适合大小，字体、字距、颜色等都要实现风格上的统一，这样才能使整个版面显得干净、利落，让读者感觉舒服、有读下去的欲望。

以上关于文字排版的方法，不仅适用于专业设计，还可用于公司文件的排版和贺年卡的制作等。

鸡尾酒的原料及起源

长岛冰茶 Long Island Iced Tea
辛辣金酒15毫升，朗姆酒15毫升，伏特加15毫升，龙舌兰酒15毫升，橘橙酒5毫升，柠檬汁30毫升，砂糖2茶勺，可乐补足剩余，柠檬片1片
起源之一的说法为二十世纪二十年代美国禁酒令期间，酒保将烈酒与可乐混成一杯看似茶的饮品，来钻法令漏洞；起源之二是据说在1972年，由长岛橡树滩客栈(Oak Beach Inn)的酒保发明了这种以四种基酒混制出来的饮料。

血腥玛丽 Bloody Mary
伏特加45毫升，番茄汁20毫升，半月形柠檬片1片，芹菜1根
BLOODY有血腥之意，鲜红的番茄汁看起来很像鲜血，故而以此命名。以带叶的芹菜根代替吸管，像极了一般的健康饮料。据说血腥玛丽的名字是源自英格兰女王玛丽都铎这个人。她是一个可怕的女王，因为迫害新教徒，所以被冠以血腥玛丽的称号。在美国禁酒法期间，这种鸡尾酒在地下酒吧非常流行，称为"喝不醉的番茄汁"。

鸡尾酒的原料及起源

○长岛冰茶 Long Island Iced Tea
辛辣金酒15毫升，朗姆酒15毫升，伏特加15毫升，龙舌兰酒15毫升，橘橙酒5毫升，柠檬汁30毫升，砂糖2茶勺，可乐补足剩余，柠檬片1片
起源之一的说法为二十世纪二十年代美国禁酒令期间，酒保将烈酒与可乐混成一杯看似茶的饮品，来钻法令漏洞；起源之二是据说在1972年，由长岛橡树滩客栈(Oak Beach Inn)的酒保发明了这种以四种基酒混制出来的饮料。

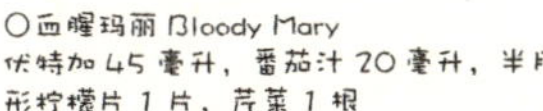

○血腥玛丽 Bloody Mary
伏特加45毫升，番茄汁20毫升，半月形柠檬片1片，芹菜1根
BLOODY有血腥之意，鲜红的番茄汁看起来很像鲜血，故而以此命名。以带叶的芹菜根代替吸管，像极了一般的健康饮料。据说血腥玛丽的名字是源自英格兰女王玛丽都铎这个人。她是一个可怕的女王，因为迫害新教徒，所以被冠以血腥玛丽的称号。在美国禁酒法期间，这种鸡尾酒在地下酒吧非常流行，称为"喝不醉的番茄汁"。

在开头加上"○"或"·"，不仅可以吸引读者的目光，还可以使文章看起来层次分明。

排版布局的案例

通过调整照片和文字的布局，可以使整体更加清楚明了。

为顾客提供五个选项

~ 给顾客选择的空间，可以激发顾客的购买欲 ~

在网络购物盛行的今天，日本依然存在邮购这种传统的销售形式。翻看邮购目录时我们会发现，很多商品都提供五个选项供顾客选择。以手提包为例，同一个款式，商家一般会提供五种颜色。作为顾客，是不是觉得选项稍稍有点多呢？而且，五种颜色中，有时还会同时出现“茶色”和“驼色”等非常接近的颜色。这是为什么呢？

通常，制造商品时，颜色数越少，制作模具就越少，从而可以降低成本。例如，五种颜色的商品每种都制造 1000 个，与一种颜色的商品制造 5000 个相比，肯定后者的成本较低。但是，尽管单一颜色的商品在价格上更有竞争力，但实践证明，同时有五种颜色的商品往往卖得更好。这又是为什么呢？

当然，对于一件设计作品来说，并不是所有颜色都适合。所以，同一款商品制作出五种颜色时，不可能每种颜色都好卖。但这并不重要，重要的是给顾客提供足够的选择空间。把挑选颜色的工作交给顾客来做，反而能激发他们的购买欲。而且，“五个选项”是关键所在。如果是两种，选择面太窄，而七种又太多了，容易挑花眼，而且制造成本太高。因此，对一般商品来说，为顾客提供四到五种选择是最合适的。此外，提供哪几种颜色也是有学问的。例如，有时商家会故意在五种颜色中加入一种非常不合适的颜色。虽然这种颜色的商品不好卖，但它的“丑”正好衬托出其他颜色的“美”。

好想买一个！

有时同一款商品，商家会提供五种颜色供顾客选择

商家为什么要这么做呢？
其中有什么玄机吗？

关键是给顾客选择的空间

"如果是我的话……"

"会选这个！"

结果，"假设"变成了真的购买欲。

我要买那个。

"如果是我的话……"变成了"我要买……"
商家的这一招对女性顾客尤其有杀伤力。

简单设计

~SN 比 /“奥康姆剃刀”~

◎ SN 比

一件设计作品传递给我们的信息中,可以既含有有用的信息,也含有一些“杂音”。当然,传递的有用信息多、“杂音”少的设计作品,才是优秀的设计。这里,我们引入一个概念,叫做“SN 比”,即有用信息信号(Signal)与杂音(Noise)的比,也叫“信噪比”。它本来是用于技术开发、新产品开发等方面的品质工学术语。简单而言,就是有用信息与无用信息的比例。通过这个比值的高低,可以评价设计的质量。

一件设计作品,所含的无用信息越少,SN 比就越高;反之,所含的无用信息越多,SN 比就越低。要想设计出一件优秀的作品,就要尽量提高其 SN 比。提高 SN 比无非有两种方法,即增加有用信息和减少“杂音”。去除不必要的表现形式,以简单的方式呈现出设计对象的功能、理念等,就可以减少“杂音”。

◎奥康姆剃刀

不必要的因素会降低设计的“效率”。因此,在设计中,一定要避免为作品添加多余的要素。例如,在功能相同的前提下,我们应选择更简单的设计,这是设计的一个原则。据说,这也是 14 世纪英国哲学家奥康姆(约 1285~1349)提倡的一种思维方式。在设计过程中,只要不损失功能,我们就应该尽量去除不必要的因素,使设计对象达到最简化。

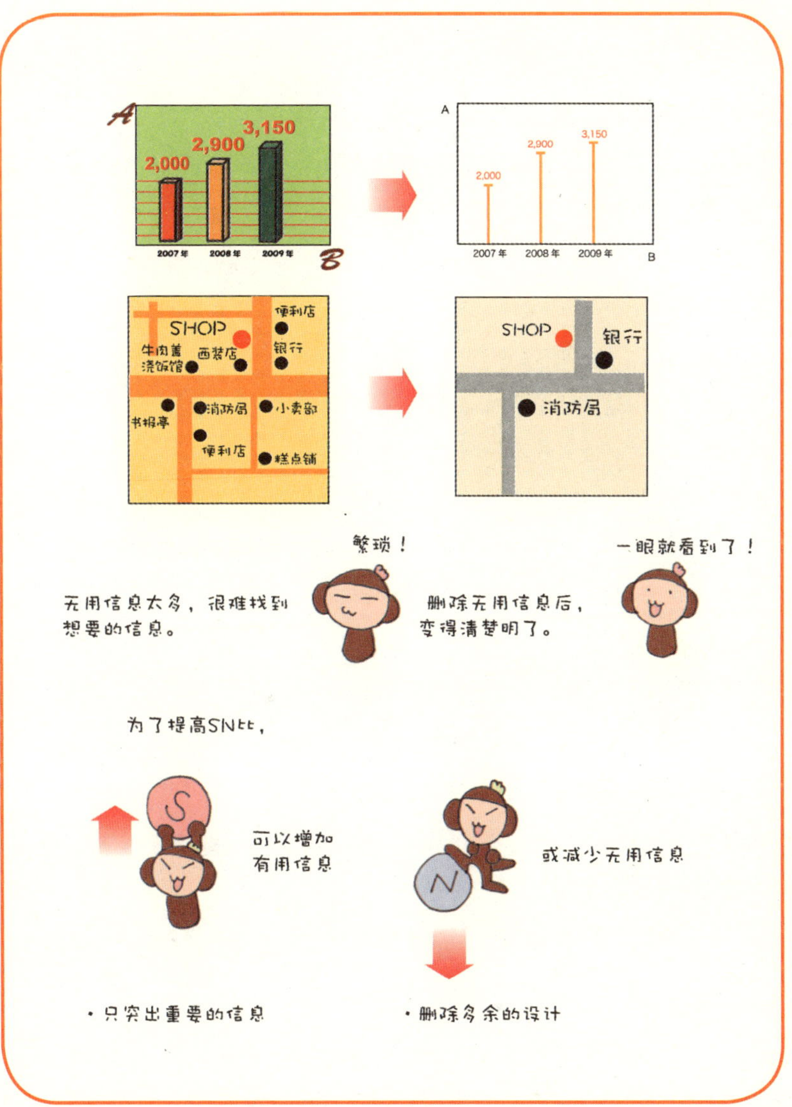
A
3,150
2,900
2,000
2007年
2008年
2009年
B
A
3,150
2,900
2,000
2007年
2008年
2009年
B
SHOP
便利店
牛肉盖浇饭馆
西装店
银行
书报亭
消防局
小卖部
便利店
糕点铺
SHOP
银行
消防局
繁琐！
一眼就看到了！
无用信息太多，很难找到想要的信息。
删除无用信息后，变得清楚明了。
为了提高SN比，
S
可以增加有用信息
N
或减少无用信息
·只突出重要的信息
·删除多余的设计

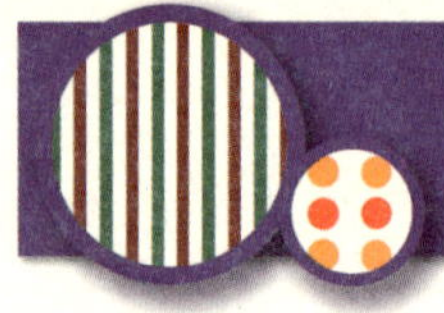

视线也受重力影响

~ 视线的设计 ~

在印刷品等平面设计中，要使版面更加清晰明了、便于读者阅读，设计时首先要考虑的就是读者视线移动的路线。以横向书写的文章为例，读者的目光首先会落在左上角，然后慢慢向右移。最后，视线会落在右下角文章结束的地方。视线好像也受重力影响一样，会从上向下移动。

那么，怎样排版才不会阻碍读者的视线，更便于阅读呢？如果一篇文章全是文字，正常排版即可，没什么特殊的技巧。但是，如果文章中有插图或照片，就要引起注意了。如果排版不合理，会非常“难看”。在这里，“难看”不仅指丑，还指读起来不方便。还是以横向书写的文章为例，如果里面有插图或照片，排版原则是不能防碍读者视线的移动。那么，最好将其安排在页面的左下方或右上方。还要注意一点，如果只在左下方或右上方中的一处安排插图或照片，会使读者的视线失去平衡，所以最好在两个位置同时安排插图或照片。

这就是著名的“古登堡规律（The Gutenberg Rule）”。在一个页面中，读者对左下角和右上角的关注度最低，因此较大的插图或照片应安排在这两个地方。

有些设计可能在视觉上比较新颖或有趣，但是如果防碍了视线的移动路线，就会使读者失去阅读的兴趣。例如，如果在页面中加入大插图或照片，可能会让读者的视线终结于此，忽略下面的文字。这样的设计虽然吸引眼球，但阻碍了读者的视线移动路线，以至降低了信息传递效率，使下面的文字失去意义。

看横向书写的杂志、书时，读者的视线会按上图中红色箭头的方向移动。而左下角和右上角是读者关注度最低的地方，因此，最适合把插图或照片放在这里。

文章与插图的关系就好比河流与岩石，岩石不能将水流阻断，同理，插图也不能阻碍读者视线移动的路线。

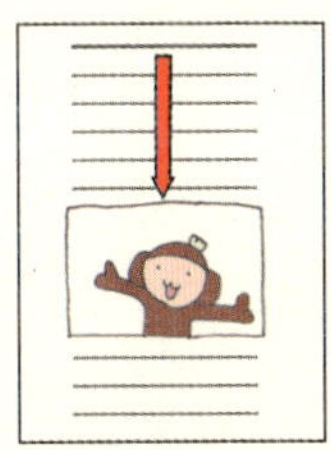

文章中如果出现大插图或照片，下面的文字就没意义了，因为读者多半不会读下面的文字。

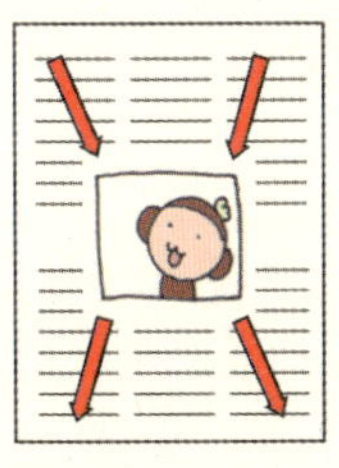

在页面中央加入大插图或照片，也许算一种新颖、有趣的设计，但可能会分散读者的视线，使读者失去阅读兴趣。

设计追求的目标

~ 功能性、传递性 ~

不同商品对设计有不同要求。例如，服装设计与网页设计，无论设计思路还是表现手法，都相去甚远。再比如，雨伞设计与汽车设计，更是天壤之别。

这是为什么呢？不同设计所追求的目标不同。设计的工作也不只是做出好看的外型。下面为大家介绍设计要追求的目标。

◎ 功能性

服装设计、产品设计、平面设计等所有设计领域，都不能忽视商品的功能性。我理解的设计，就是将商品所具有的功能用适当的方式表现出来。符合商品功能的设计，才是美的设计，而且，还要使商品方便使用。不过，设计时，如果优先考虑商品的功能，会造成一定的束缚，而且只重视功能，也会使设计显得平凡无奇。因此，在某些特殊情况下，设计师也会优先从设计的角度考虑，把功能放在次要位置。虽然功能和设计之间相互存在一定的制约，但二者并无不可调和的矛盾，关键是如何掌握好功能与设计的平衡。

◎ 传达性

设计只是一种形式，必须有要传达的一个主题。如果忽视它，只考虑形式的设计，得到的只会是一种空洞的设计。因此，作为一名设计师，必须时刻牢记：我想通过设计传达什么主题。提高设计的美观性、易懂性，都是增强传达效果的有效手段。可以说，传达性是设计的出发点。

做设计时，商品的功能性

这个设计虽然新奇，
但功能性很差，
用起来不方便。

过于重视功能，
又会使设计受到
限制。

关键是掌握好功能与设计之间的平衡

另外，传递性也是设计追求的目标

外观只是形式，还要考虑设计要表达的主题

设计追求的目标

~ 安全性、大众性 ~

◎ 安全性

通过设计，不但可以改善商品的安全性，但不能因此让人失去安全意识。例如，随着科技的进步，汽车制造商可能会生产出安全性极高的汽车，即使撞倒行人，驾驶员也许都感觉不到车身有丝毫震动。也就是说，对车上的人来说，安全系数提高了，但对路人而言，可不是一件好事。这样的高科技含量汽车，会使驾驶员对危险的反应变得迟钝，安全意识也逐渐降低。因此，设计汽车时，不仅要提高汽车的安全性，还要提高驾驶员的安全意识，而且这也完全可以通过设计来实现。作为设计师，必须多角度考虑问题。

◎ 大众性

设计时，设计师必须认识到自己的作品要给大众欣赏、使用。在设计领域，有一种设计被称为“通用设计”，即设计出来的产品、图案等，不分年龄、性别、身体条件等，所有人都能方便使用。在这里，我还要提到另一个概念——“无障碍设计”，无障碍设计的主要目的是为生理缺陷者（残疾人）和正常活动能力衰退者（老年人）提供可以便利使用的产品和服务等。通用设计的范畴比无障碍设计更广，不仅要满足残疾人、老年人的需求，还要考虑包括外国人、儿童等所有人的需求，在此基础上进行设计。简而言之，“通用设计”就是“谁都能用（能懂）的设计”。

我们身边有很多通用设计的例子，比如公共交通工具。在日本地铁中，各个车站的站名不仅采用颜色进行区分，还引入了编号系统和记号系统，所有人都能看懂。

安全性很重要，但
安全意识也很重要。

即使撞上大树也感觉不到震动的汽车是非常安全，但……

这种汽车对危险的反应很迟钝。

因此，在确保安全性的同时，还要通过设计提高人们的安全意识。

此外，设计还要考虑适用对象的广泛性。

Z
03

通过颜色可以识别车站

通过记号也可以识别车站

日本地铁站的标志设计中就融入了多种识别系统。

后记

一直以来，我都想挑战一下用科学的方法来寻找人类语言印象的根据。于是，便斗胆编写了这本书。对于设计作品的评判，存在很大的个人差异，但我总想从中找到一些大家通用的判断标准，于是展开了多方面的调查研究。虽说结论性的收获不多，但至少得到了大量宝贵的调查数据。不过，这些数据也只对特定的设计作品有效，一旦变换设计作品作为调查对象，结果可能发生很大变化。但是不管怎么说，我迈出了这一步，算是抛砖引玉吧，希望能为有兴趣研究设计科学的朋友提供一点有用的线索。

也许很多朋友会提出质疑，用数值来衡量人的感性思维真的有意义吗？请听听我的理由。

我第一次产生用科学方法研究设计的想法要追溯到 20 年前。当时，我对设计教育产生了怀疑。那个时代的设计教育，把没有理由的所谓“设计理论”强加给我们，说：“就是这个样子的。”人在没有理解的情况下，就记住了这些所谓的“设计理论”。个人认为，这种教育理念、教育方式，不能培养人们丰富的创造力和设计感觉。

在过去的设计教育中，把一切解释不清的问题都用一句话掩盖，说什么“这就是人的感性使然”。我认为，越是重视人的感性，就越应该从科学的角度研究设计，寻找到具有说服力的理论。用“感性”来代替人类所有尚未明晰的能力，是不科学的，也不利于设计的发展。

近20年来，我一直工作在设计第一线。在工作实践中我发现，很多人缺乏丰富的想象力、创造力，对于设计的理解也过于狭隘。对于一件设计作品，很多人会盲目加以批判，但他们也说不出明确的理由，总是敷衍一句："凭直觉，我觉得这个作品不好"。这种现象让我痛切感到，要想为后世培养优秀的设计人才，必须对设计进行科学的研究。感性、直觉、感觉是一种说不清楚的东西，而科学理论是可以口口相传、代代相传的。掌握了科学的设计理论，必定能促进设计的发展，也能扩展人们的想象力、创造力。

出于上述原因，我花了很长时间编写了这本有关"设计科学"的书。内容还很幼稚，需要今后去解决的课题还有很多。不过，通过这本书，至少可以为读者朋友们提供一个审视设计的新角度。

之前，我对设计教育抱有疑问，并在疑惑、烦恼中浪费了大量时间。现在，我非常想做点什么来解决这些问题，也很迫切。但是，我告诫自己，不能着急，要一步一步地来。

设计，就像一条大河，很久以前它就在这里流淌，以后，它还会一直流淌下去。

参考文献

★《设计中的设计》 原研哉著（岩波书店，2003 年）

《AERA DESIGN》 桐山登士树、关康子、西山浩平著（朝日新闻社，2005 年）

《AERA DESIGN》VOL.2 桐山登士树、关康子、西山浩平著（朝日新闻社，2006 年）

《保育讲座——儿童心理学 4》 山口雅史著（日本学艺协会，1998 年）

《儿童心理学——保育测试导读 4》 山口雅史著（日本学艺协会，1998 年）

★《颜色的秘密》 野村顺一著（文艺春秋，1994 年）

《色彩与心理的有趣辞典》 松冈武著（三笠书房，1994 年）

《头脑研究最前沿（上）》 脑内科学综合研究中心（讲谈社，2007 年）

★《大脑百科小辞典》 川岛隆太 等著（技术评论社，2004 年）

★《大脑如何感受美——毕加索和莫奈所看到的世界》 赛米尔·赛基著（日本经济新闻社，2002 年）

《大脑感知美——对艺术的生物学研究》 英戈·兰秋拉 等著（新耀社，2000 年）

《身体的地图》 高桥长雄 监制、解说（讲谈社，1989 年）

《系统看护学讲座》 日野原重明 监制（医学书院，1968 年）

《分解、解剖学图表集》 越智淳三 译（文光堂，1984 年）

《认知心理学的视点》 长绳久生著（NAKANI 社，1997 年）

★《认知心理学——探索理性的结构》 道又尔 等著（有斐阁，2003 年）

《设计隐藏"美"的法则》 木全贤著（SOFTBANK CREATIVE，2006 年）

《设计·规则》 伊达千代 内藤隆彦著（MD 集团，2006 年）

《"色型人"的研究》 千千岩英彰著（福村出版，1988 年）

《通过颜色判断性格的测试》 菲巴·必兰著，佐藤邦夫译（青娥书房，2003 年）

《颜色想象技巧》 小林重顺著（讲谈社，1990 年）

《感性工学的研究》 筱原昭 等著（森北出版，1966 年）

※ 带有★标记的著作，与本书内容关联较多，建议阅读。

论文、解说、研究报告

《对于人类认知产品形态的考察》 高山誉史（1998 年）

《人的评价与物理特性的研究》 原田·若杉·五十岚（1992 年）

参考 Web

日经商务网站 《大脑重视"左视野"》 池谷裕二

新书抢鲜报

《每天懂一点·恋爱心理学》

《每天懂一点·色彩心理学》《每天懂一点·好玩心理学》

作者畅销新作

日本最受追捧的恋爱科学书，全面解读“这该死的爱情”！

恋在“何时”“何地”

与“何人”发生?

爱变成“依恋”后，

恋人成为“夫妻”后，

为什么危机与破裂也随之而来?

本书将从脑科学、生理学、

人类学等多个领域入手，

分析恋爱的玄机、恋人与夫妻的心理，

以及爱情破裂等的本质和原理。

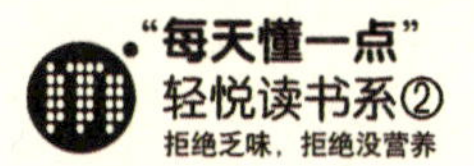

日本最牛B成功概率说明书 懂概率，不会输

日本亚马逊书店五星推荐
连续三年稳居同类书畅销榜前十位

每天懂一点
成功概率学
知ってトクする確率の知識

[日]野口哲典=著 张 珊=译

● 点球大战有多少种方案？● 面试通过的概率有多高？● 与多个对象相亲时，如何选出意中人？
● 数字彩票中有更容易中奖的数字吗？● 赌博的时候，孤注一掷好，还是分散下注好？

120个有趣实例，贴心揭示生活中的“成功概率学”。

陕西师范大学出版社 荣誉出品 北京博集天卷图书发行有限公司策划